묵상의 사람

묵상의 사람

지은이 | 이규현
초판 발행 | 2018. 06. 20.
5쇄 발행 | 2024. 3. 26
등록번호 | 제1988-000080호
등록된 곳 | 서울특별시 용산구 서빙고로65길 38
발행처 | 사단법인 두란노서원
영업부 | 2078-3352   FAX | 080-749-3705
출판부 | 2078-3331

책값은 뒤표지에 있습니다.
ISBN 978-89-531-3166-8 03230

독자의 의견을 기다립니다.
tpress@duranno.com   www.duranno.com

말씀의 맛에
사로잡힌 삶

이규현 지음

묵 상 의   사 람

두란노

/ *Part 1* /

묵상의 사람

/ Part 2 /
묵상을 위한 가이드

프롤로그/

바람에 나는 겨와 같이 흔들리는 영혼을 위하여

    소비주의 시대, 생산을 위한 과잉 활동으로 사람들은 지쳐 있습니다. 그러나 열심에 비해 얻는 것은 초라하고, 끝없이 소비하지만 삶은 더 빈궁한 시대입니다. 신앙의 세계도 마찬가지입니다. 영적 성장을 위한 프로그램들은 넘쳐나고 각종 모임들도 많지만 무엇인가 허공을 치는 것 같을 때가 많습니다. 겉으로는 불이 붙었는데 속은 비어 있는 허무함에 시달립니다. 겉도는 느낌, 채워지지 않는 결핍이 영적 빈혈 증세를 일으킵니다.

    교회는 오래 다녔으나 항상 흔들리는 신자들을 자주 목격합니다. 종교적 익숙함과 성숙은 전혀 다른 것입니다. 하나님과 늘 낯선 관계로 서먹서먹하다면 신앙의 성숙은 묘연할 수밖에 없습니다.

    우리 시대의 특징은 경박성입니다. 빠른 결과에 목을 맵니다. 밀란 쿤데라의 책 제목처럼 '참을 수 없는 존재의 가벼움'이 우리 시대의 주류적 흐름입니다. 지식은 전문화되고 정보는 범람하지만 깊이는 찾아보기 힘들어졌습니다. 요란한데 귀를 기울일 것이 없습니다. 깊이가 없으면 시류에 휩쓸려 가게 됩니다.

세속화의 급류에 떠밀려 정처 없이 표류하다가 난파를 맞은 신자와 교회가 늘어나고 있습니다. 분주함 속에서 방치된 영혼은 길을 잃어버립니다. 적당히 때우는 신앙으로는 미래가 불투명합니다. 겉모양이 아니라 내면을 돌보는 것이 우선입니다.

위기는 세상이 요동치는 것이 아니라 영혼이 흔들리는 것입니다. 영적 중심을 유지하려면 세상이 주는 압력에 저항해야 합니다. 먼저 공허한 내면을 말씀으로 채워야 합니다. 욕망으로 부풀어오른 가슴을 잠재울 수 있는 것은 말씀밖에 없습니다.

영혼의 무게를 위해 묵상은 절대 필수입니다. 묵상은 말씀하시는 하나님을 향해 마음을 활짝 여는 것입니다. 시험을 치듯이 접근하는 것이 아니라 말씀이 우리 안에 흘러넘치도록 하는 것입니다. 내가 읽고 이해하는 것이 아니라 성령의 역사로 하나님의 말씀이 나의 내면으로 밀고 들어오는 경험을 해야 합니다. 모든 것은 성령께서 이끌어 주십니다. 말씀을 펴고 내면에 들려주시는 하나님의 음성에 귀를 기울일 때 그리스도 안에서 솟아나는 생명의 환희를 맛보게 됩니다.

묵상을 위해 잠시 멈추어야 합니다. 속도를 거부하고 일시적 느림을 선택해야 합니다. 말씀 앞에 머물러 있는 훈련을 해야 합니다. 마음의 문을 열고 말씀의 비경(秘境) 안으로 들어가는 일이 쉽지는 않습니다. 단어나 상징이나 개념을 뛰어넘어 그 실체에 접근하려면 고도의 집중력이 요구됩니다. 그렇다고 어려운 것만은 아닙니다. 하나님은 언제든지 우리를 만나 주십니다. 말씀을 사랑하고 그 앞에 머물러 있을 때 놀랍게 열리는 순간이 오게 되어 있습니다. 묵상은 말씀의 경이로움에 빠지는 일입니다. 말씀의 강은 깊이를 측량할 수 없고, 말씀의 보석이 숨겨진 광맥은 무궁무진합니다. 묵상이 깊어지면서 영적 부요를 쌓아 가게 됩니다.

제가 알고 있는 신실한 그리스도인들의 공통점은 일상에서 묵상의 풍성함을 맛보며 살아간다는 것입니다. 묵상의 기쁨을 한 번 맛본 사람은 멈출 수 없습니다. 처음에는 내가 묵상하지만 시간이 흐를수록 말씀이 나를 이끌어 가는 경험을 하게 됩니다.

영적 갈증이 심각한 시대입니다. 바닥이 갈라져 있는 듯한 영적 빈곤의 시대에는 샘의 원천을 찾아야 합니다. 신앙의 원천은 묵상입니다. 마르지 않는 샘은 묵상에서 얻을 수 있습니다. 묵상이 없는 신앙은 존재하지 않습니다. 말씀의 세계가 열리지 않으면 신앙의 변화는 불가능합니다. 설교자들을 통해 말씀을 듣는 것도 좋지만 그것에만 매달리면 안 됩니다. 각 개인이 성령의 도우심 가운데 말씀을 묵상함으로 하나님의 음성을 듣는 훈련이 한국 교회에 절실합니다. '하나님이 내게도 말씀하신다'는 생생한 체험보다 더 강력한 것은 없습니다.

　말씀 묵상은 언제나 제 신앙과 목회의 중심부에 자리 놓여 있습니다. 목회 초기부터 어디에서든지 묵상을 가르치고 함께 나누며 사역을 시작하고자 했습니다. 성도들에게 가장 먼저 묵상을 가르쳤습니다. 말씀 묵상이 없는 자기 열심을 경계하게 했습니다. 외형적 활동보다 멈추어 말씀 앞에 서는 훈련을 지속적으로 해 왔습니다. 하나님과의 인격적 교제 없는 신앙은 부실할 수밖에 없습니다. 세월이 흘러 묵상은 제 개인의 경건은 물론 목회에 풍요를 여는 자산이 되었습니다.

　연초 주일 강단에서 여러 주에 걸쳐 시편 1편을 성도들과 함께 살펴보면서 말씀 묵상의 세계로 성도들을 초대하고자 했습니다. 좀 더 깊고 풍성한 신앙생활을 하기 원하는 분들에게 이 책이 조금이라도 도움이 되기를 바라고, 한국 교회가 말씀 위에 견고히 서는 은혜가 있기를 기대하는 마음이 간절합니다.

이 책이 나오기까지 수고를 아끼지 않은 두란노 출판부와 수영로교회 편집진과 서동혁 목사의 세심한 수고에 감사합니다. 언제나 목회의 신실한 동역자로 함께하는 아내와 이제 목사로서 목회를 막 시작한 큰아들과도 출판의 기쁨을 함께 나누고 싶습니다.

2018년 6월 해운대에서

이규현 목사

part 1

묵상의 사람

시편 1편

1 복 있는 사람은 악인들의 꾀를 따르지 아니하며 죄인들의 길에 서지 아니하며 오만한 자들의 자리에 앉지 아니하고
2 오직 여호와의 율법을 즐거워하여 그의 율법을 주야로 묵상하는도다
3 그는 시냇가에 심은 나무가 철을 따라 열매를 맺으며 그 잎사귀가 마르지 아니함 같으니 그가 하는 모든 일이 다 형통하리로다
4 악인들은 그렇지 아니함이여 오직 바람에 나는 겨와 같도다
5 그러므로 악인들은 심판을 견디지 못하며 죄인들이 의인들의 모임에 들지 못하리로다
6 무릇 의인들의 길은 여호와께서 인정하시나 악인들의 길은 망하리로다

1장

전혀 다른 두 길

두 길

시편은 모두 150편으로, 성경에서 가장 긴 책입니다. 그 중에 시편 1편은 시편 150편 전체를 열어 주고 이끄는 아주 중요한 시입니다. 시편 1편에는 짧지만 매우 풍성한 내용이 담겨 있고, 특별히 우리 인생의 길을 제시하는 주옥같은 교훈과 의미심장한 내용이 들어 있습니다. 시편 1편은 우리가 어느 길을 걸어가야 하는지, 지금 어느 길에 서 있는지를 확인시켜 줍니다.

시편 1편에서는 '길'이라는 단어가 눈에 띕니다. 두 길이 나오는데, 전혀 다른 길입니다. 성경은 우리 인생길에 놓인 두 길을 많이 이야기합니다. 먼저, 예수님은 산상수훈에서 좁은 길과 넓은 길이 있는데, 넓은 길은 멸망으로 인도하고 좁은 길은 생명으로 이끈다고 말씀하셨습니다(마 7:13-14). 또한 잠언도 두 길에 대해 말합니다. 지혜로운 자의 길은 생명의 길이고, 미련한 자의 길은 망하는 길이라고 합니다. 이와 유사하게 시편 1편에는 악인의 길과 의인의 길이 선명하게 나옵니다.

시편의 첫 출발인 시편 1편 1절에 기록된 첫 단어는 '복'입니다. '복 있는 사람'을 다시 번역하면 '오, 복 있는 자여!'입니다. 그런데 시편 1편은 복을 말하는 동시에 무서운 경고도 던집니다. '복'(福)으로 1절을 시작하지만 마지막 6절은 '망'(亡)을 이야기하고 있습니다.

악인들의 길은 망하리로다 시 1:6

모든 사람이 복을 원합니다. 복은 우리의 마음을 확 끄는 단어입니다. 복을 싫어하는 사람은 아무도 없을 것입니다. 매년 정월 대보름이면 사람들이 복을 빌러 해운대 달맞이길로 모여듭니다. 그들은 하나같이 두 손바닥을 대고 "비나이다! 비나이다!" 빌며 복을 구합니다.

복은 영어 성경에 'happiness', 즉 '행복'으로 번역되어 있습니다. 행복은 추상적인 단어입니다. 그래서 사람들마다 행복에 대한 정의가 다릅니다. 이는 다시 말해 행복이 무엇인지 잘 모른다는 것입니다. 행복을 추구하지만 행복이 과연 무엇인지는 알지 못합니다.

돈이 많으면 행복할까요? 돈 많은 사람에게 물어보면 답이 금방 나옵니다. 건강하면 행복하겠습니까? 장수가 복이라고 말하기는 어려울 것 같습니다. 어떤 환경이나 조건, 소유가 행복을 가져다줄까요? 내가 도달하려고 했던 목표를 성취한 순간 정말 행복할까요?

시편 1편을 통해 행복이 무엇이며, 어떻게 행복할 수 있는지에 대해 답을 얻을 수 있기를 바랍니다.

죄

거절하기

복 있는 사람이 해야 할 일이 있습니다. 바로 '거절하기'입니다. 시편 1편 1절은 복 있는 사람을 이야기하면서 가장 먼저 거절해야 할 사람들, 함께하지 말아야 할 부류의 사람들이 있다고 언급합니다. 악인들, 죄인들, 오만한 자들 등

세 부류의 사람입니다.

악인들-하나님 없이 생각하고 행하는 자들

복 있는 사람이 거절해야 할 첫 번째 부류의 사람들은 악인들입니다.

> 복 있는 사람은 악인들의 꾀를 따르지 아니하며 시 1:1

'꾀'라는 단어에는 '도모하다', '의도하다'라는 뜻이 담겨 있습니다. 또한 시편 1편에서 말하는 '악인'은 악행하는 자라기보다 하나님 없이 생각하고 행하는 자, 즉 하나님의 존재를 부정하고 자기 생각대로 살아가는 사람을 의미합니다.

그렇다면 악인의 꾀는 어디에서 비롯했을까요? 당연히 그 꾀는 하늘에서 주어진 것이 아니라 죄인인 그 사람 안에서 나온 것입니다. 죄인에게서 나온 꾀는 하나님을 대적하는 일, 하나님을 부정하는 곳에 쓰일 뿐입니다. 그래서 악인의 경우 어떤 일을 하려고 할 때 그 가운데 하나님이 계시지 않습니다. 그가 내리는 결정에 하나님이 어떤 영향도 미치지 않으십니다. 악인은 온전히 자기 꾀로 결정합니다.

세상 사람들은 꾀로 살아갑니다. 꾀는 현실에서 당면하는 문제들을 당장 푸는 데는 매우 유용할 수 있습니다. 세상에서는 꾀를 가진 사람을 가리켜 영리하다고 평가합니다. 세상에서 흔히 마주치는 탁월한 처세술을 가진 사람들을 생각해 보십시오. 꾀를 부리는 사람은 빠른 길을 찾아냅니다.

그런데 꾀의 약점은 멀리 보지 못한다는 것입니다. 당장의 문제는 어찌어찌 해결할지 모르지만, 결과적으로는 생각이 짧아서 더 큰 문제를 떠안겨 줍니다. 악인의 꾀는 얼마 가지 못해 문제를 일으킵니다. 악인은 자기 꾀에 자기가 넘어갑니다. 사실 악인은 꾀가 없어서 망하는 것이 아니라 꾀가 너무 많아 망합니다.

세상 사람들은 도모하는 것, 자기 머리에서 나온 지혜를 믿고 살아갑니다. 주로 적게 땀 흘리고 많은 수확을 거두는 법을 배우려고 합니다. 성공을 위해서라면 타인의 고통 따위는 무시해도 좋다고 생각합니다. 세상은 꾀와 꾀의 전쟁이 벌어지는 전장과도 같습니다. 꾀로 먹고사는 사람들이 주위에 너무나도 많습니다.

꾀라는 것은 우리의 머릿속에 있습니다. 하나님 없이 선택하고, 결정하고, 문제를 풀어 가는 인생들이 얼마나 많습니까? 오늘날 많은 사람을 고통 가운데 허덕이게 하는 우울증을 비롯한 정신질환은 모두 생각에서 비롯된 것입니다.

생각이 문제입니다. 우리는 평소에 어떤 생각을 합니까?

> 육신을 따르는 자는 육신의 일을, 영을 따르는 자는 영의
> 일을 생각하나니 육신의 생각은 사망이요 영의 생각은 생
> 명과 평안이니라 롬 8:5-6

여기서 매우 중요한 말은 '육신의 생각은 사망'이라는 것입니다. 성경적 관점에서는 행동 이전에 이루어지는 육신의 생각 자체가 이미 사망이라고 진단을 내리고 있습니다.

생각은 매우 중요합니다. 생각은 의도를 갖고 있습니다. 생각은 어떤 쪽으로 흐르고자 하는 경향을 갖고 있습니다. 그래서 생각은 곧 행동화될 수밖에 없습니다. 잠언 23장 7절은 "대저 그 마음의 생각이 어떠하면 그 위인도 그러한즉"이라고 말합니다. 마음의 생각이 바로 그 사람이라는 의미입니다.

하나님의 존재를 부정하고 죄의 생각, 자기 안에서 나오는 꾀, 도모, 의도를 의지하는 사람은 결국 망하게 되어 있습니다. 우리는 우리 안에 하나님을 부정하는 의도나 생각, 꾀가 있는지, 혹시 악인들에게 영향을 받고 있지는 않은지 계속해서 점검해야 합니다.

죄인들-습관적으로 죄의 길을 가는 자들

복 있는 사람이 두 번째로 거절해야 하는 사람은 죄인들입니다.

복 있는 사람은…죄인들의 길에 서지 아니하며 시 1:1

여기서 죄인들의 길에 '선다'라는 말은 앞서 악인들의 꾀를 '따른다'라는 표현보다 한 단계 더 나아간 것입니다. 즉 한두 번의 행위를 말하는 것이 아닙니다. 길은 하루아침에 만들어지지 않고, 반복적인 행동을 통해 형성됩니다. 그러므로 '죄인들의 길에 선다'라는 말은 죄짓는 일이 습관화되었음을 의미합니다. 죄가 익숙해져서 죄의 방식이 자기 삶의 방식으로 굳어진 것입니다. 죄를 저절로, 쉽게 지을 수밖에 없는 삶의 형태가 되어 버린 것입니다. 하나님에 대한 반역이 라이프 스타일이 된 것입니다.

죄란 '표적을 벗어나다'라는 뜻을 가지고 있습니다. 죄인은 표적을 벗어난 사람이요, 길을 잃어버린 사람입니다. 죄를 짓고 사는 것이 익숙해진 사람은 특별한 노력을 기울이거나 힘들이지 않고도 자연스럽게 죄를 짓고 죄인들의 길을 갑니다. 죄인은 일상이 죄입니다.

죄는 전염성이 큽니다. 아버지가 죄의 길을 걷고, 자녀가 아버지가 걸었던 죄의 길을 따라 걸으며 너무도 자연스럽게 죄가 퍼집니다. 아담 이후 수천 년의 역사 속에 인간은 새로운 죄를 개발한 것이 아닙니다. 선명히 나 있는 죄인들의 길을 걸어온 것이고, 지금도 걷고 있습니다. 의도적으로 애쓰지 않아도 죄인들의 길을 따라 걷게 됩니다. 왜냐하면 죄인들의 길이 나 있기 때문입니다.

세상은 죄의 지뢰밭입니다. 얼마나 많은 사고가 일어나는지 모릅니다. 수많은 불행한 일을 자세히 들여다보면 죄가 도사리고 있습니다. 사고가 일어나는 지점에서 늘 사고가 일어납니다. 심지어는 '사고 다발 지역'이라고 써 붙여 놓아도 사고가 납니다. 정신 차리지 않으면 밥 먹듯이, 물 마시듯이 죄를 짓게 됩니다. "아차!" 하는 순간에 죄를 짓습니다. 죄를 짓는 것이 하나도 어렵지 않습니다.

우리는 구조적으로 죄인들의 길에 서서 살아가는 사람들입니다. 최근 전 세계적으로 '미투 운동'이 일어나고 있습니다. 피해자들이 용기를 내어 언론에 공개함으로 수면 아래 있던 문제들이 밖으로 터져 나오고 있습니다. 그동안 감추어져 있던 죄들이 이제 드러났을 뿐입니다. 우리의 모든 죄악이 드러난다면 아마 상상을 초월하는 일들이 수도 없이 일어날 것입니다. 이것이 바로 죄인들의 길의 실상입니다. 들킨 죄와 들키지 않은 죄의 차이만 존재할 뿐입니다.

시편 기자는 복 있는 사람에게 죄인들의 길에 함께 서지 말라고 경고합니다. 죄인들의 길과는 거리를 두고 다른 길로 가라고 말합니다. 죄의 속성에 저절로 빨려 들어가는 익숙한 삶의 방식에서 돌이키지 않으면 망해 버릴 테니 반복해서 짓는 죄를 이제 그만 끊어 버리라고 강력하게 말하고 있는 것입니다. 정신을 차리지 않으면 우리도 죄인들의 길을 함께 걷게 될 것입니다.

오만한 자들-더 깊이 죄짓는 자들

복 있는 사람은 또한 세 번째 부류의 사람들인 오만한 자들을 거절해야 합니다.

> 복 있는 사람은…오만한 자들의 자리에 앉지 아니하고
> 시 1:1

성경적 관점에서 오만한 자는 하나님이 없는 사람입니다. 하나님이 없는 사람은 당연히 오만할 수밖에 없습니다. '오만하다'라는 말은 '조롱하다', '비웃다'라는 뜻입니다. 오

만한 자의 특징은 남을 비웃고 조롱한다는 것입니다. 오만한 자는 하나님을 비웃고, 하나님의 말씀을 따라 살아가는 사람들을 조롱합니다. '오만하다'라는 단어에서 하나님에 대한 매우 반항적인 태도가 느껴지지 않습니까? 오만한 자는 하나님을 부정하고 죄에 대해서 매우 적극적입니다. 하나님을 제쳐 버리면 죄짓는 일쯤은 아무것도 아닙니다.

오만한 자의 또 하나의 특징은 남의 조언이나 권면을 받아들이지 않는다는 것입니다. 그는 누구의 훈계를 듣거나 간섭 받기를 원하지 않습니다. 당연히 그는 고집불통이고 자기의 주장을 절대로 꺾지 않습니다. 고집은 자기의 주장만이 옳다고 하는 것입니다. 누구나 고집은 있습니다. 그런데 고집이 너무 세다면 문제가 있습니다. 예수님을 믿으면 고집이 없어져야 합니다. 예수님을 믿는데도 옛날 고집을 그대로 가지고 있다면 예수님을 진실로 믿지 않고 있을 가능성이 높습니다.

여기서 특히 '자리'라는 표현이 매우 중요합니다. 앞서 '꾀'는 생각에 있었습니다. '죄인들의 길'은 습관화된 것이었습니다. 그렇다면 '오만한 자들의 자리에 앉는다'는 말은 무슨 의미일까요? 죄짓는 자리로 더 깊이 들어가는 것을 의미합니다.

어떤 사람과 대화하며 길을 걸어가다가 심각한 이야기가 나오면 그 자리에 섭니다. 그러다가 더 진지해지면 "앉아서 이야기하자!" 합니다. '앉는다'는 말은 방석을 깔고 앉아서 함께 회의하는 것을 의미합니다. 죄를 짓기 위해 작당하는 것입니다. 죄를 짓는 일이 습관화된 정도가 아니라, 다른 사람도 죄를 짓도록 영향을 끼치는 단계입니다. 굉장히 심각한 단계로 나아간 것입니다.

이처럼 죄는 발전합니다. 앉아서 계속 죄에 대한 이야기를 나누고 모의를 하다 보면 자연스럽게 악한 영향을 주고받게 됩니다.

죄는 발전한다

본문에는 세 개의 동사가 나옵니다. '따르다'(walk), '서다'(stand), '앉다'(sit)입니다. 점층법이 사용되었습니다. 이 동사들은 우리의 일상을 잘 보여 줍니다. 우리는 어딘가를 향해 걷고, 서고, 앉습니다.

악인은 죄의 길을 걷고, 걸어가다가 서고, 그다음에는 앉습니다. 이처럼 죄는 가만히 있지 않고 활동성이 점점 더 강화되고 발전합니다. 악인이 망하는 일은 결코 한꺼번에 일어나지 않습니다. 점진적으로 망하는 길로 빠져 들어가게 되는 것입니다. 죄짓는 일이 서서히 발전하다가 어느 날 자기도 모르게 무너지고 맙니다. 복 있는 사람도 마찬가지입니다. 어느 날 갑자기 하늘에서 복이 떨어지는 것이 아닙니다. 악인의 길과 의인의 길, 두 길은 모두 생각과 행동과 습관에 따른 결과입니다.

우리는 죄의 연속성에 주목해야 합니다. 죄에는 흐름이 있습니다. 처음에는 생각으로 시작하지만 나중에는 행동하고, 습관화되고, 삶의 방식이 됩니다. 그리고 구조적인 악의 모양으로 발전해 문화적으로 확장됩니다. 죄의 전염성으로 인해 곧 죄가 집단적으로 퍼지는 단계에 이릅니다.

죄는 결코 가만히 있지 않습니다. 초보의 단계에서 익숙한 단계로, 나중에는 죄짓는 일에 도가 트게 만들어 버립니다. 죄의 고리를 끊어 버리는 특단의 사건이 없으면 죄의 힘은 계속해서 강화됩니다. 죄의 강은 깊고 유속이 빠릅니다. 죄에서 벗어나기란 결코 쉽지 않고 저항하기가 심히 어렵습니다. 다 빠져 죽는 것입니다. 죄는 매우 활동적이고, 적극적이며, 왕성하게 발전합니다. 우리는 이 사실을 반드시 기억해야 합니다.

내 삶을 이끄는
기준을 세우라

죄인인 우리는 죄를 지을 수 있는 환경을 만나면 죄를 지을 역량이 매우 강화되어 있습니다. 그러므로 복 있는 자가 되기 원하는 우리는 악인들의 길에서 무엇을 거절할지 분명하게 선택해야 합니다. 무엇을 따라야 하는지, 어느 길에 서야 하는지, 어떤 자리에 앉아야 하는지 결정해야 합니다. 그러기 위해서는 우리 안에 명확한 기준이 있어야 합니다.

그런데 일반적으로 사람들에게는 기준이 없습니다. 자기 소견에 옳은 대로 살아갑니다. 이것은 곧 사사 시대와 같습니다. 성경에서 사사기는 영적 암흑기입니다. 당시 이스라엘 백성에게는 두려움도 없었고, 지도자도 없었으며, 삶의 기준도 전혀 없었습니다. 모두가 자기 소견에 옳은 대로 살아갔습니다(삿 17:6).

현대인들은 명확한 기준을 제시하는 것을 싫어합니다. 내 마음대로 살고 싶으니 제한하지 말라는 것입니다. 그들은 기준을 거추장스럽게 여기며, 적당히 편리하게 살아가기를 원합니다. 기준이 없으면 자유로울 것 같다고 생각합니다. 그러나 인생에 기준이 없으면 종착지가 어디인지 알 수가 없습니다.

운전을 하려면 도로교통법을 지켜야 합니다. 그런데 운전할 때 신호에 자주 걸리면 교통법이 거추장스럽게 느껴질 수 있습니다. 새벽기도회에 나올 때 운전을 해 보면 신호를 지키는 사람을 보기가 쉽지 않습니다. 그러나 우리는 어떠한 상황에서든 신호, 즉 기준을 지켜야 합니다. 지키지 않으면 자유로운 것이 아니라, 지켜야 자유롭습니다.

사람들 안에는 끌리는 대로 살고 싶은 마음이 있습니다. 그들은 자기의 느낌에 충실하게 반응하기를 원합니다. 하지만 이런 삶은 매우 위험합니다. 끌어당기는 실체가 무엇인지 분별하지 못하면 사고가 나게 되어 있습니다.

나방들은 태생적으로 불에 끌리는 성질을 가지고 있습니다. 빛의 끌어당기는 힘에 저항력이 약합니다. 빛의 실체가 무엇인지 잘 모르고 반짝이는 인공조명을 향해 달려드는 나방들의 결말이 어떻습니까? 모두 불꽃에 타 죽고 맙니다. 잘못된 빛을 구별하지 못한 대가는 참혹합니다. 이처럼 세상에는 우리를 속이고, 현혹시키며, 육체적 감각과 욕망을 부채질하는 인공조명들이 수두룩합니다. 우리의 이목을 끄는 것들로 불야성을 이루고 있습니다.

그러나 끌리는 대로 사는 것처럼 위험한 행동은 없습니다. 시편 1편 6절에 의하면 '망할' 것입니다. 감각과 끌림을 따라, 본성과 욕망을 따라 기준 없이 살면 망할 뿐입니다. 망한다는 표현이 구체적으로 설명된 말씀이 4절입니다.

> 악인들은 그렇지 아니함이여 오직 바람에 나는 겨와 같도다 시 1:4

'겨'는 껍데기, 쭉정이입니다. 뿌리도 없고 무게도 안 나가는 겨는 바람에 마구 휩쓸립니다. 끌리는 대로 사는 악인이 겨와 같다는 것입니다 이리저리 부는 바람을 따라가는 겨와 같은 삶의 운명은 정해져 있습니다. 망하는 것입니다. 그런 인생은 매일이 위기이고, 벼랑 끝이며, 불 앞의 기름과 같습니다. 그의 내면에는 왜 살아야 하는지, 어떻게 살아야 하는지에 대한 기준이 없습니다. 그러니까 바람 따라 끌리는 대로, 좋은 대로 갑니다.

시편 1편은 세 부류의 사람들을 이야기할 때 '악인들', '죄인들', '오만한 자들' 이렇게 복수를 사용합니다. 이는 세상에 악인, 죄인, 오만한 자가 많다는 것을 의미합니다. 그에 비해 '복 있는 사람'은 단수입니다. 한 사람, 소수입니다. 그의 주변을 둘러싸고 있는 사람들은 모두 악인들입니다. 복 있는 사람은 하나님 없이 자기 마음대로 오만방자하게 살아가는, 바람에 휩쓸리는 겨와 같은 인생인 악인들에 둘러싸여서 영향을 받습니다. 이것은 죄의 집단성을 의미합니다.

오늘날 세상 전체는 죄의 공동체라고 할 수 있습니다. 이 세상은 죄 덩어리입니다. 죄짓는 일을 위해서라면 담합이나 협업을 얼마나 잘하는지 모릅니다. 세상 안으로 들어가 보면 죄의 시스템이 촘촘하게 짜여 있다는 것을 알 수 있습니다. 죄의 그물망을 벗어나 따로 살아가기가 너무 어렵습니다. 발을 한 번 담그면 한통속으로 살아갈 수밖에 없도록 체계적으로 돌아가고 있습니다. 함께 죄를 짓는 사람이 많으면 죄를 인식하는 능력 자체가 현저히 떨어져 버립니다. 그리고 무엇보다 죄에 대한 적응력이 탁월해지고 빨라집니다.

이 세상은 악인들의 횡포와 압력이 얼마나 센지 거기에 편승하고 가담하지 않으면 살아갈 수 없을 정도입니다. 주변에 악이 성행하고 있습니다. 우리를 가만히 두지 않습니다. 각종 조직의 압력과 힘을 가진 자들의 거센 회유를 이겨 내기가 정말 힘듭니다.

그러므로 주변 악인들이 조직적으로 담합하고, 회유하고, 압력을 넣어도 결코 악인들의 꾀를 따르지 않고, 죄인

들의 길에 서지 않으며, 오만한 자들의 자리에 앉지 않으려
면 견고하고 확실한 기준을 확보해야 합니다.

악인과 의인의 가름끈,
말씀

지금까지 살펴보았듯이 시편 1편의 전반부인 1-3절은
복 있는 사람, 즉 의인이 거절해야 하는 것이 무엇인지에
대해 이야기합니다. 그리고 후반부인 4-6절은 악인이 누구
인가에 대해 말합니다. 시편 기자는 1절에서 언급한 세 부
류의 사람들을 전체적으로 '악인'이라고 부릅니다. 복 있는
사람과 악인의 대비입니다. 그러면서 악인도 거절하는 것
이 있다고 이야기합니다.

악인들은 그렇지 아니함이여 시 1:4

악인들은 무엇이 그렇지 않다는 것일까요? 그들은 무엇
에 대해서 이처럼 확실하게 거절하는 것일까요? 이 질문은
"왜 악인인가? 왜 악인은 그렇게 살아갈 수밖에 없는가?"라
는 질문으로 이어집니다. 그리고 그에 대한 답이 2절 말씀

입니다. 2절은 시편 1편의 핵심 구절입니다.

> 오직 여호와의 율법을 즐거워하여 그의 율법을 주야로 묵
> 상하는도다 시 1:2

악인이 되고 싶어서 악인이 된 사람은 어디에도 없을 것
입니다. 그들이 악인이 된 이유는 2절 말씀을 소홀히 여기
고 놓쳐 버렸기 때문입니다. 바람에 나는 겨처럼 바람이 부
는 대로 속절없이 따라다닌 결과입니다. 여호와의 율법을
즐거워하지 않고 자기의 생각과 소신과 고집을 따라 살아
갔기 때문입니다.

말씀을 묵상하지 않으면 자기 머릿속에 든 꾀로 살아갈
수밖에 없습니다. 별수 없이 악인이 됩니다. 하나님의 말씀
을 묵상하기보다 자기 머리를 더 믿고 살기 때문입니다. 하
나님의 말씀이 내 안에 없는데 무슨 재주로 이 세상의 악과
악인의 꾀를 이겨 낼 수 있겠습니까?

악인의 삶을 살아갈 수밖에 없는 이유는 다른 데 있지
않습니다. 말씀이 없으면 악인이 됩니다. 말씀을 즐거워하
지 않고, 가까이하며 묵상하지 않아 말씀이 내 삶의 중심에
견고하게 자리 잡지 않으면 악인의 길을 선택할 수밖에 없

는 것입니다. 죄에 익숙해져서 죄의 삶에서 빠져나올 수가 없습니다.

종종 언론에 보도되는 끔찍한 범죄자들을 보면 '어떻게 저 지경까지 갈 수 있을까' 싶지만, 그들이 처음부터 악하지는 않았을 것입니다. 그들 안에 바르게 살아갈 삶의 기준이 없었기 때문에 그렇게 된 것입니다. 악인이 되려고 해서 된 것이 아니라 자연스럽게 악인이 된 것입니다.

노력하지 않아도 악인의 길에 서는 것은 쉽습니다. 죄인의 길에 들어서는 순간 모든 것이 자동입니다. 자신의 삶에 확고한 진리와 기준 없이 바람에 나는 겨와 같이 여기저기 기웃대며 살다 보니까 어느 날 악한 일에 걸려들어 빠져들고 마는 것입니다. 그것이 심화되고, 강화되고, 발전하는 것입니다.

죄를 지을 때 속도가 대단합니다. 어느 날 돌아보면 '내가 어리석은 짓을 했구나' 싶습니다. 어떤 경우 노력하지 않아도 세월이 흐르면 저절로 악인이 되기도 합니다. 죄의 힘이 얼마나 강력한지 모릅니다. 인간은 죄의 속성을 갖고 있기 때문에 죄인이 되고 죄를 짓는 일이 너무 쉽습니다.

반면 의인의 삶을 사는 것은 저절로 되는 일이 아닙니다. 오직 여호와의 율법을 즐거워하여 주야로 묵상하는 삶은 어느 날 이루어지지 않습니다. 단지 교회만 다닌다고 여호와의 율법이 즐거워지지 않습니다. 하나님의 말씀이 즐거워지는 단계까지 가는 것, 주야로 묵상하는 단계에 이르는 것은 결코 쉬운 일이 아닙니다.

우리가 예수님을 믿어 구원받고 천국에 가는 것은 이미 확보되었습니다. 하지만 천국에 가기 전까지 하나님의 백성답게 사는 '성화'에 있어서는 대가를 지불해야 합니다. 성화에는 공짜가 없습니다. 말씀 앞에서 죄의 본성을 죽이고 인간적인 고집을 꺾는 작업, 자아를 십자가에 못 박고 하나님의 말씀이라는 기준에 내 삶을 끊임없이 복종시키는 매일매일의 수고가 요구됩니다.

그러할 때 비로소 말씀이 내 영혼에 자리를 잡고 내 영혼을 끌고 가는 단계까지 가게 됩니다. 그 말씀에 내 삶을 맡기면 말씀의 능력과 역사를 체험하면서 즐거워하는 단계에 이르게 됩니다. 우리는 여호와의 율법을 즐거워하기 위해 매일 끝도 없이 노력해야 합니다.

'묵상'은 히브리어로 '하가'(hagah)입니다. '하가'는 '지속적으로 중얼거리다', '아주 작은 목소리로 속삭이다'라는 뜻을 가지고 있습니다. 때로는 다른 뜻으로 이해되기도 하는데, 사자가 자기 먹이를 가지고 으르렁거리거나 비둘기가

"구구"하고 소리를 내는 의미로 쓰이기도 합니다. 묵상은 여호수아 1장 8절 말씀처럼 행하는 것입니다.

이 율법 책을 네 입에서 떠나지 말게 하며 주야로 그것을 묵상하여 그 안에 기록된 대로 다 지켜 행하라 수 1:8

돌아서면 한 구절도 기억나지 않고 내 안에서 다 사라지고 없는 말씀이 어떻게 내 삶을 끌고 갈 수 있으며, 악인의 길에 함께 서지 않게 하는 능력을 발휘할 수 있겠습니까?

죄의 흐름을
차단하고 벗어나라

두 길은 분명합니다. 한쪽은 복 있는 사람, 즉 말씀을 붙잡는 사람이 걷는 길입니다. 다른 한쪽은 악인, 다시 말해 말씀이 없기 때문에 바람에 나는 겨처럼 되는 대로 사는 사람이 걷는 길입니다. 복 있는 사람과 악인의 운명은 정해져 있습니다.

무릇 의인들의 길은 여호와께서 인정하시나 악인들의 길

은 망하리로다 시 1:6

여기서 '의인'은 '복 있는 사람'입니다. 또한 2절에서 말하는 '오직 여호와의 율법을 즐거워하여 그의 율법을 주야로 묵상하는 사람'을 가리킵니다. 말씀을 따라가는 사람이 의인입니다. 성경은 의인의 길은 여호와께서 인정하신다고 말합니다. 그러나 악인의 길은 망합니다(시 1:6).

우리에게는 자유가 있지만, 그 자유에는 심판이 따릅니다. 하나님은 심판하시는 분입니다. 하나님이 인정하시는 인생인가, 그렇지 않은 인생인가는 하나님이 결정하실 문제입니다. 의인은 하나님이 인정하시지만, 악인은 그렇지 않습니다. 극명한 차이입니다. 하나님이 인정하시지 않으면 망합니다.

악인은 복과 거리가 먼 인생입니다. 아무리 꾀를 동원하고 모든 모사를 꾸며서 노력을 기울인다 할지라도 그의 인생은 복과 상관이 없습니다. 악인은 자기의 꾀로 살아가는 사람, 표적을 벗어나서 죄가 습관화된 사람, 그리고 오만한 자들의 자리에 앉은 인생이기에 얻을 것이 아무것도 없습니다. 그러나 하나님의 말씀을 즐거워하여 주야로 묵상하는 사람은 복 있는 사람으로, 그가 하는 모든 일이 다 형통할 것이라고 성경은 말합니다. 그는 시냇가에 심은 나무와 같은 사람입니다. 시냇가에 심은 나무와 바람에 나는 겨는 얼마나 다릅니까? 전혀 다른 길입니다.

악인들이 가는 길의 결론은 분명히 정해져 있습니다. 우리는 가만히 있으면 죄의 지배를 받고 살아갈 수밖에 없습니다. 죄의 힘을 간과해서는 안 됩니다. 그러므로 늘 깨어 있어야 하고, 분별력을 가져야 하며, 분명하게 "아니요"(No!)라고 거절할 수 있는 용기가 필요합니다. 우리에게 부정적인 영향을 주는 것들에 대해서 소극적인 태도를 가져서는 안 됩니다.

복 있는 사람이 해야 할 가장 첫 번째 일은 거절입니다. 아무리 천금 만금을 준다 할지라도 악의 길이고 말씀에 위배된다면 거절하십시오. 만나지도 말고 단절하십시오. 자칫 죄를 따르는 단계에서 서는 단계로, 그리고 앉는 단계로 발전할 수 있습니다. 그러므로 초기에 대응해야 합니다. 속삭이며 미혹하는, 아주 순간적으로 괜찮을 것 같은 악인의 꾀를 초전에 박살 내야 합니다.

두 갈래의 길이 얼마나 극명하게 다릅니까? 우리는 "다른 길로 가겠다. 악인의 길로는 가지 않겠다. 그런 자리에는 절대 앉지 않겠다" 하며 결단해야 합니다. 시편 1편은 신자의 삶은 다른 삶이므로 죄의 흐름을 차단하고 그 길에서 벗어나라고 말합니다.

거절 다음은
선택

하나님은 죄를 지어 망할 수밖에 없는 인간들을 구원하기 위해 한 사람을 불러내셨습니다. 그리고 그와 언약을 맺고 구원의 길로 이끄셨습니다. 그는 바로 아브라함입니다. 창세기 12장 1-2절은 구속사적으로 매우 중요한 구절입니다.

> 여호와께서 아브람에게 이르시되 너는 너의 고향과 친척과 아버지의 집을 떠나 내가 네게 보여 줄 땅으로 가라 내가 너로 큰 민족을 이루고 네게 복을 주어 네 이름을 창대하게 하리니 너는 복이 될지라 창 12:1-2

하나님은 2절에서 '복'이라는 단어를 사용하셨습니다. 아브라함에게 복을 주겠다고 말씀하신 것입니다.

시편 1편은 복으로 시작합니다. 그런데 하나님의 구속사에서 매우 중요한, 하나님이 아브라함을 부르신 사건에서 첫 번째 하신 약속도 복입니다. 여기서 우리가 복을 구하는 마음보다 하나님이 우리에게 복을 주고자 하시는 마음이 훨씬 더 강하다는 사실을 알 수 있습니다. 구원이란 바로 잃어버린 복을 되찾는 것입니다. 시편 1편과 창세기 12장은 일맥상통합니다. 하나님은 우리에게 복을 주기 원하십니다.

그런데 복을 구한다고 해서 하나님이 바로 주시는 것은 아닙니다. 복을 약속하신 하나님이 전제하신 말씀이 있습니다. "너의 고향과 친척과 아버지의 집을 떠나"입니다. 하나님을 거절하고 반역하는 우상 숭배가 성행하는 환경과 문화, 모든 연결 고리, 족쇄를 끊어 버리고 떠나라는 것입니다. 이 말씀은 시편 1편의 '거절'과 맥을 같이합니다. 악인들의 꾀를 따르지 말고, 죄인들의 길에 서지 말고, 오만한 자들의 자리에 앉지 말고 그들과 결별하라는 말씀과 같습니다. 단호한 결단입니다.

신앙에 박차를 가하고 앞으로 나가려면 단절해야 합니다. 우리의 삶에 관계된 사람들이 누구인지 자세히 살펴보십시오. 그들이 우리에게 복이 될 수도 있고, 화가 될 수도 있습니다. 관계를 정리하고, 잘라 버릴 것을 미련 없이 자르고, 거절해야 합니다. 물론 쉬운 일이 아닙니다. 하지만 아니면 아닌 것입니다. 시편 1편은 나에게 악한 영향을 주는 관계를 끊으라고 합니다.

그런데 거절하고 떠나는 것으로 끝이 아닙니다. 나에게 부정적 영향을 주는 것들과 결별한 후에 반드시 필요한 것이 있습니다. 내 삶을 이끌어 주는 것, 내가 붙들 것이 필요합니다. 그것은 바로 하나님의 말씀입니다.

> 이에 아브람이 여호와의 말씀을 따라갔고 롯도 그와 함께 갔으며 아브람이 하란을 떠날 때에 칠십오 세였더라
>
> 창 12:4

아브라함은 '여호와의 말씀'을 따라갔습니다. 거절 다음으로 중요한 것은 선택입니다. 하나님의 말씀을 붙잡기로 선택하는 것입니다. 그래서 시편 1편 1절 말씀을 구체화하는 구절이 2절, "오직 여호와의 율법을 즐거워하여 그의 율법을 주야로 묵상하는도다"입니다. 아브라함은 떠날 뿐만 아니라 하나님의 말씀을 붙들었습니다. 떠나기만 해선 안 됩니다. 하나님의 말씀이 나를 이끌도록 해야 합니다.

말씀,

복 있는 삶의 로드맵

행복을 찾고 있습니까? 어디에 행복이 있습니까? 과연 행복한 삶은 가능합니까? 나는 열심히 행복을 좇아 왔는데 그 길이 망하는 길일 수도 있습니다. 세상 사람들이 가는 길을 따라가면 그곳에는 행복이 없습니다. 세속화란 세상 사람들이 그리스도인이 가는 길을 따라와야 하는데, 도리어 우리가 세상 사람들이 깔아 놓은 길을 따라가는 것을 의미합니다. 오늘날 그리스도인들은 세속화의 물결에 휩쓸려 버리고 말았습니다.

악인의 말에 귀를 기울이지 않으려면 귀를 막으면 되는 것이 아닙니다. 하나님의 말씀이 굉음처럼 내 귀를 울려야만 합니다. 하나님의 말씀에 사로잡혀야 세상의 영향을 받지 않을 수 있습니다. 문만 열고 나가면 귀를 솔깃하게 하는 소리가 세상에서 얼마나 많이 들려오는지 모릅니다. 들리는 소리마다 내 마음을 흔든다면 내 안에 하나님의 말씀이 아직 자리를 잡지 못한 것입니다. 하나님의 말씀을 즐거워하지 않고 주야로 묵상하지 않고 있다는 증거입니다.

내 삶을 이끄는 것이 무엇인지, 삶의 기준이 무엇인지 확인해 보십시오. 세상의 수없이 많은 유혹을 이겨 내게 하는 말씀의 힘이 내 안에 있습니까? 매일 무엇을 듣고, 보고, 생각하고, 묵상하고 있습니까? 어떤 일에 열심을 내고 있으며, 무엇을 바라보고 있습니까? 자기 자신을 살펴보고 이제는 결단해야 합니다.

너무도 선명한 두 길, 망하는 길과 복 받는 길이 있습니다. 시편 1편에서는 실패의 길과 성공의 길이 확실하게 구별됩니다. 우리 삶의 태도, 습관, 환경을 점검해 보십시오. 생각 없이 세상을 그저 따라가지 않기를 바랍니다. 세속화는 두려운 일입니다. 우리는 하나님의 말씀을 따라 살아가는 신자로 서야 합니다. "오직 여호와의 율법을 즐거워하여 그의 율법을 주야로 묵상하는도다"라는 말씀을 붙잡아야 합니다. '오직' 하나님의 말씀에 사로잡혀야 합니다.

행복한 삶의 로드맵은 성경에 기록되어 있습니다. 기록된 말씀이 내 가슴에 새겨져야 행복한 인생이 됩니다. 우리가 말씀이 가르쳐 주는 길을 따르고, 말씀에 이끌리고, 말씀이 우리 삶에서 일어나는 모든 일을 결정하는 기준이 될 때 하나님은 우리를 복 있는 사람으로 자라 가게 하실 것입니다.

하나님의 말씀에 사로잡혀 이끌린다면, 하나님의 말씀이 인생의 빛이요 로드맵이 된다면 하나님이 그 길을 따르는 우리를 반드시 인정하시고, 형통하게 하시고, 복 있는 사람이 되게 하실 것입니다. 그러한 복 있는 사람의 삶은 철을 따라 열매를 맺게 될 것입니다.

　내 삶의 모든 영역에 말씀을 가져오십시오. 말씀의 안내를 받으며 한 걸음, 한 걸음 걸어간다면 하나님이 승리의 길을 선물로 주실 것입니다.

1장

: 전혀 다른 두 길

1 복 있는 사람이 해야 할 일은 '거절하는 것'입니다. 거절해야 함에도 불구하고 거절하지 못해 곤란했던 경험이 있습니까?

2 죄가 어느덧 습관이 되어 삶의 일부분으로 안착한 경우가 있습니까(예를 들면, 습관적으로 거짓말하기, 남 험담하기, 정죄하기, 술·담배하기, 무단횡단 등 도로 교통법 어기기 등)? 처음에 어떻게 죄를 짓기 시작했는지, 죄가 어떻게 점점 발전했는지, 습관이 된 죄가 내 삶에 어떤 영향을 끼쳤는지 나눠 보십시오.

3 거절 다음으로 중요한 것은 하나님의 말씀을 붙잡기로 선택하는 것입니다. 내 삶을 이끌어 주는 말씀이 있습니까? 내가 사모하는 말씀, 내 삶의 로드맵이 되어 주는 말씀이 있다면 서로 나눠 보십시오.

2장

무엇으로 즐거워하는가

무엇을 통해
즐거움을 얻는가

인간에게는 즐거움을 추구하는 본능이 있습니다. 휴가를 가거나, 명절을 지내고, 스포츠에 열광하는 이유는 즐겁기 때문입니다. 즐거움은 삶의 에너지입니다. 사람들은 즐거움이 있다면 투자를 아끼지 않습니다. 즐거움이 있는 곳에 사람들이 모여듭니다. 즐거운 상태를 '행복'이라고 말하기도 합니다. 즐거움을 추구하는 것은 인간의 내면에 숨겨진 갈망이고, 이 갈망은 식지 않습니다.

악인들과 죄인들과 오만한 자들을 따라간 자리에서는

영원한 즐거움을 찾기 힘듭니다. 악인의 삶은 처음에는 즐거워 보이지만 얼마 가지 못해 즐거움이 사라지고 없습니다. 죄를 지을 때는 짜릿하지만 곧 긴 고통이 찾아옵니다.

사탄은 즐거움을 추구하는 인간에게 쾌락이라는 미끼를 던집니다. 사람들은 잘못된 것에서 즐거움을 찾다가 참된 즐거움을 찾는 감각이 망가지고 말았습니다. 쾌락을 추구하는 문화가 조성되었고, 그 문화에 익숙하다 보니 불행해질 줄 알면서도 쾌락에 젖어들고, 찌들고, 나중에는 벗어나지 못하게 되었습니다. 오늘날 우리 주변에서 흔히 볼 수 있는 중독 현상이 그 예입니다. 아무리 노력해도 이 세상이 주는 즐거움은 한시적이고 제한적입니다.

한편 신자의 삶에는 즐거움이 넘칩니다. 이 즐거움은 세상이 주는 말초적이고 감각적인 쾌락과 전혀 비교되지 않는, 차원이 다른 즐거움입니다.

신앙생활을 너무 어둡게 하는 성도들이 종종 있습니다. 한국 교회는 미국 청교도의 영향을 받았습니다. 청교도 신앙 안에는 신앙을 지키고자 하는 굉장한 노력이 있습니다. 그렇다 보니 자칫 율법주의로 치우치는 경향을 보입니다. 초창기 한국 교회는 율법주의적이었습니다. 웃고 즐거워하는 것이 죄악시되었습니다. 교회에서 성도들이 많이 듣는 말이 "하지 말라!"였습니다. 율법주의적인 한국 교회는 금지하는 것이 많으니 자연스럽게 분위기가 어둡고 무거웠습니다.

즐거움의 욕구를 억제하는 신자들 중에는 자신을 학대하는 경우도 더러 있습니다. 그들은 자신을 괴롭히고 즐거움을 최대한 억누르는 것이 경건이라고 여깁니다. 이런 신앙생활을 하는 사람들은 대개 내면의 욕구가 분출되지 못하고 억압된 상태에 있습니다. 그러다가 사람들이 보지 않는 곳에서 엉뚱한 행동을 저지르는 이중적 그리스도인이 되기도 합니다. 교회 안에서는 그럴듯한 신자로 보이는데 실제 삶에서는 선을 넘습니다.

하나님은 즐거움을 창조하신 분입니다. 하나님은 우리가 즐거워하는 모습을 좋아하십니다. 시편을 들여다보면 '즐거움', '기쁨'이라는 표현이 많이 사용되고 있습니다. 뿐만 아니라 성경 전반에 걸쳐 하나님이 우리가 즐거워하기를 원하신다는 말씀이 기록되어 있습니다.

하나님은 기쁨의 하나님이십니다. 우리를 억압하고 괴롭히시는 분이 아닙니다. 우리가 고생하고 고통당하면 즐거워하는 가학적인 분이 아니십니다. 건강한 신앙생활을 하는 신자라면 밝고 기쁨이 넘쳐야 합니다. 즐거워하는 것은 신자에게 전혀 이상한 일이 아닙니다. 믿음생활을 바로 하면 즐거움이 자연히 뒤따라옵니다.

만약 신앙생활에서 즐거움을 누리지 못한다면 어떻게 될까요? 얼마 가지 못해 즐거움을 주는 곳을 찾아갈 가능성이 많습니다. 신앙을 버리기 쉽습니다. 그러므로 우리는 신앙의 세계에서 즐거움을 누려야 합니다. 신앙 세계에서 어떻게 즐거움을 누릴 수 있고, 그 즐거움이 과연 무엇인지를 알아야 합니다.

"무엇을 통해 즐거움을 얻을 것인가?"는 우리 인생에 있어 대단히 중요한 이슈입니다. 즐거움을 추구하는 것은 인간의 본능이고 강력한 욕구입니다. 따라서 무엇으로 즐거움을 얻느냐에 따라 우리는 죄의 길로 갈 수도 있고, 복 있는 사람의 삶을 살 수도 있습니다.

시편 1편은 비유를 통해 두 가지 인생을 선명하게 대조합니다.

시편 1편을 자세히 읽어 보면 눈앞에 두 폭의 동양화가 펼쳐지는 듯합니다. 한 폭에는 열매와 잎사귀가 풍성하고 기름진 시냇가에 심은 나무가, 다른 한 폭에는 잎사귀가 달랑 하나 달린 나무와 바람에 나는 겨가 그려진 그림입니다. 이것이 복 있는 사람과 악인의 차이입니다.

여호와의 율법을
즐거워한다는 것

앞서 1절이 악인들의 꾀를 따르지 않고, 죄인들의 길에
서지 않고, 오만한 자들의 자리에 앉지 않도록 거절해야 한
다는 소극적인 행동이었다면, 2절은 신자가 취해야 할 적극
적인 행위를 말합니다.

> 오직 여호와의 율법을 즐거워하여 그의 율법을 주야로 묵
> 상하는도다 시 1:2

'즐거워하다'라는 단어에 주목할 필요가 있습니다. 이 말
씀은 1절의 복 있는 사람과 연결됩니다. 복 있는 사람은 바
로 '여호와의 율법을 즐거워하는 사람'인 것입니다. 그렇다
면 여호와의 율법을 즐거워한다는 것이 무슨 의미일까요?

말씀을 통해 하나님의 즐거움을 먹는 것

첫째, 여호와의 율법을 즐거워한다는 것은 하나님의 말
씀 자체가 우리를 즐겁게 한다는 의미입니다. 하나님의 말
씀을 읽다 보면 즐거움이 찾아옵니다. 가끔 우리는 낯선 곳
을 여행하다가 난생처음 보는 비경(祕境) 앞에서 환호를 지

르곤 합니다. 말씀을 읽다 보면 진리의 비경을 만날 때가 있습니다. 그때 "와! 하나님의 말씀에 이런 신비가 있구나!" 하며 탄성을 지르게 됩니다. 그 순간에 찾아오는 즐거움이란 이루 말할 수 없을 정도로 큽니다.

요즘 TV에 방영되는 먹방('먹는 방송'의 줄임말) 프로그램에서 소개한 음식점을 찾아다니는 분들이 많습니다. 엄청난 규정과 까다로운 인증을 거치는 미슐랭에서 좋은 평가를 받은 레스토랑만 찾아다니는 미식가들도 있습니다. 맛있는 음식을 먹을 때 매우 즐겁습니다. 인생에서 먹는 즐거움을 누리는 것은 정말 행복한 일입니다. 어떤 사람은 "행복이란 좋아하는 사람과 함께 맛있는 음식을 먹는 것"이라며 행복에 대해 소박한 정의를 내리기도 합니다.

그러나 그리스도인인 우리는 다른 차원의 행복을 말해야 합니다. 신자가 누구입니까? 영적 미각이 발달한 사람입니다. 영적 미각이란 말씀의 맛을 보는 것이요, 영의 세계의 맛을 느끼는 것입니다. 영의 세계의 맛은 말씀의 맛, 진리의 맛입니다.

신자인지 아닌지는 말씀을 대할 때 반응을 보면 분별할 수 있습니다. 세상 사람들은 말씀의 맛을 전혀 모릅니다. 영적 미각이 없기 때문에 말씀을 지겹게 생각합니다. 말씀을 들으면 거부 반응이 일어납니다. 그러나 말씀의 맛을 느끼는 신자는 말씀을 대하면 입이 달콤합니다. 밥은 못 먹어도 말씀을 먹고 싶을 때가 있습니다.

또 신자인지 아닌지는 말씀을 들을 때를 보면 알 수 있습니다. 신자는 말씀을 들을 때 마음이 끌리고 즐겁습니다. 말씀을 아무리 많이 들어도 지겹지 않습니다. 신앙이 깊어진다는 것은 말씀을 맛보는 즐거움에 빠져 들어가고, 진리를 알아 가는 즐거움에 푹 잠기는 것입니다.

> 주의 말씀의 맛이 내게 어찌 그리 단지요 내 입에 꿀보다 더 다니이다 시 119:103

말씀이 '내 입에 자갈 같다'가 아닙니다. '꿀보다 더 달다'는 것이 시인의 고백입니다. 성경은 단순한 책이 아니요, 성령의 영감으로 기록된 하나님의 말씀입니다. 말씀에는 하나님의 인격이 담겨 있습니다. 우리가 어떤 글이나 편지를 대하는 것은 곧 저자의 인격을 대하는 것과 마찬가지입니다. 사랑하는 사람이 보낸 편지는 단순한 문자로 받아들여지지 않고 인격을 대하듯 애틋하게 느껴집니다. 이처럼 하나님의 말씀을 대하는 것은 하나님을 대하는 것이고,

하나님의 말씀을 묵상하는 것은 하나님을 묵상하고 그분의 임재를 느끼는 것입니다.

우리는 하나님의 말씀을 묵상할 때 하나님과 바른 관계를 맺게 됩니다. 그리고 그때 하나님의 즐거움이 내 안에 흘러 들어옵니다. 하나님은 모든 기쁨과 즐거움의 원천이십니다. 하나님과 단절된 즐거움은 없습니다. 그러므로 즐거움은 어떤 조건이나 상황이 아니라 하나님의 말씀을 대하는 태도에서 주어집니다. 말씀에 대한 태도와 즐거움은 직결되어 있습니다. 시편 16편에는 다음과 같은 놀라운 고백이 기록되어 있습니다.

> 주께서 생명의 길을 내게 보이시리니 주의 앞에는 충만한 기쁨이 있고 주의 오른쪽에는 영원한 즐거움이 있나이다
> 시 16:11

시인은 주의 앞에는 충만한 기쁨이 있다고 말했습니다. 세상에는 충만한 기쁨이 존재하지 않습니다. '충만'이라는 단어는 오직 하나님께만 쓰일 수 있는 단어입니다. 또 주의 오른쪽에는 영원한 즐거움이 있다고 말했습니다. 영속성을 의미합니다. 일시적이고 단편적인 즐거움이 아니라 영원한

즐거움이라는 것입니다. 이 말은 무엇을 해야 즐거움을 얻을 수 있는 것이 아니라 하나님과의 바른 관계를 통해 주어지는 부산물이 즐거움이라는 뜻입니다. 하나님께 가까이함으로 즐거움을 얻게 된다는 것입니다. 이는 곧 하나님의 말씀을 가까이하는 것입니다.

하나님의 말씀을 가까이함으로 즐거움을 얻고 진리의 비경을 누리는 것은 신자들에게만 주어진 놀라운 특권입니다. 우리는 이러한 권리를 놓쳐선 안 됩니다. 기쁨의 원천이신 하나님을 만나는 일이지 않습니까!

즐거움이 넘치는 삶을 살고 싶습니까? 하나님과 함께하고, 하나님의 말씀에 빠지십시오. 기쁨의 원천이신 하나님 안에서 흘러나오는 즐거움을 누리는 것이 바로 세상을 이기는 힘의 원천입니다.

말씀을 통해 영혼이 깊은 만족을 얻는 것

둘째, 여호와의 율법을 즐거워한다는 것은 여호와의 말씀이 우리의 영혼에 깊은 만족을 준다는 것입니다. 즐거움은 만족의 상태입니다. 그런데 인간이 세상의 어떤 것으로 만족할 수 있을까요? 인간의 딜레마는 이 세상 어느 것으로도 만족할 수 없다는 데 있습니다. 돈도, 성공도, 소유도,

그 어떤 것도 우리에게 만족을 줄 수 없습니다. 세상에는 진정한 즐거움이 없는 것입니다.

쉽게 만족되지 않는다는 것은 다시 말하면 인간의 갈망이 너무 깊다는 의미입니다. 오늘날은 어느 때보다 풍요로운 시대입니다. 그런데 그 어느 시대보다 사람들의 불만이 깊고, 많은 결핍을 느끼고 있습니다. 풍요 속의 결핍입니다. 우리는 소유로 만족할 수 없습니다. 이것이 우리의 불행입니다. 결핍을 느낀다면 불행한 삶입니다. C. S. 루이스는 이렇게 말했습니다.

"만일 내 안에 이 세상의 어떤 경험도 결코 만족시켜 줄 수 없는 갈망이 있다면 나는 다른 세상을 위해 지음을 받은 것이다."

다르게 표현하면, 우리는 이 세상의 어느 것으로 만족할 수 있는 존재가 아니라는 뜻입니다. 우리를 진정으로 만족시킬 수 있는 분은 영원한 하나님뿐이십니다. 우리의 영혼은 하나님으로만 채워질 수 있습니다. 여호와의 율법은 우리의 영혼에 참된 만족을 줍니다. 시편 119편의 저자는 이렇게 고백했습니다.

사람이 많은 탈취물을 얻은 것처럼 나는 주의 말씀을 즐

거워하나이다 시 119:162

시편 기자는 숱한 전쟁에서 승리를 거두어 많은 탈취물을 얻었습니다. 전쟁에서 이기고 전리품을 얻을 때 엄청난 즐거움이 찾아왔을 것입니다. 하지만 그는 이러한 즐거움보다 주의 말씀이 주는 즐거움이 더 크다고 말했습니다. 하나님의 말씀을 읽고 묵상하다 보면 우리의 영혼이 만족합니다. 말씀을 깨닫는 순간 찾아오는 즐거움은 무엇과도 비교할 수 없습니다.

또한 시편 기자는 시편 119편 92절에서 "주의 법이 나의 즐거움이 되지 아니하였더면 내가 내 고난 중에 멸망하였으리이다"라고 말했습니다. 말씀으로 인한 기쁨과 즐거움이 매우 커서 고난의 아픔도 이겨 낼 수 있었다는 것입니다. 이것이 바로 말씀의 능력입니다. 시편 기자의 고백은 하나님의 말씀에 대한 만족감이 얼마나 큰가를 우리에게 가르쳐 줍니다.

예수님은 주기도문을 가르치시면서 "오늘 우리에게 일용할 양식을 주시옵고"라고 기도하라고 하셨습니다. 이 기도는 일차적으로 육체를 위한 양식을 간구하지만, 거기서 그치지 않고 영혼의 양식을 구하는 데까지 나아갑니다. 육체가 밥을 먹어야 만족하듯, 영혼은 하나님의 말씀을 먹어야 만족할 수 있습니다. 음식으로 해결할 수 없는 영적인 허기는 오직 말씀으로만 채워지는 것입니다. 예수님은 요한복음에서 생명의 떡에 대해 말씀하셨습니다.

> 내가 곧 생명의 떡이니라 너희 조상들은 광야에서 만나를 먹었어도 죽었거니와 이는 하늘에서 내려오는 떡이니 사람으로 하여금 먹고 죽지 아니하게 하는 것이니라
>
> 요 6:48-50

먹어도 죽지 않게 하고 진정한 만족을 주는 떡이 바로 생명의 떡입니다. 예수님은 자신이 곧 생명의 떡이라고 말씀하셨습니다. 예수님은 십자가를 지시기 전 성만찬 때 "받아서 먹으라 이것은 내 몸이니라"(마 26:26)라고 하셨습니다. 영혼이 살기 위해서는 예수님의 몸을 먹어야 한다는 뜻입니다. 영혼의 배부름과 즐거움을 누려야 한다는 것입니다.

말씀으로 배부름을 경험해야 합니다. 영혼의 즐거움은 말씀을 통해 옵니다. 말씀이 우리의 영혼에 채워질 때 비로소 세상적인 욕구가 힘을 잃어버립니다. 영혼이 말씀으로 채워져 만족할 때 다른 욕구를 이겨 낼 수 있습니다. 삶이

힘들고 지쳐도 영혼이 만족을 얻으면 살 수 있습니다. 고난 가운데 폭삭 망했어도 하나님의 말씀이 계속 귀에 들리면 사람이 살아납니다. 절망과 좌절로 끝난 것 같은 인생인데도 말씀을 먹으면 살아납니다. 아무리 외적인 조건이 다 갖추어져 있어도 하나님의 말씀이 영혼에 심겨져 채우지 않으면 소용이 없습니다.

지쳐 있을 때, 때로는 욕구 불만에 빠져 있을 때 우리가 해야 할 일은 하나입니다. 여호와의 말씀을 찾는 것입니다. 내 영혼이 시들시들해질 때 하나님의 말씀을 먹으면 힘이 납니다. 말씀을 통해 내 영혼이 만족을 얻기 때문입니다.

순종의 열매를 통해 참된 즐거움을 얻는 것

셋째, 여호와의 율법을 즐거워한다는 것은 말씀을 따라 순종하며 살아갈 때 주어지는 열매를 통해 즐거워하게 된다는 것입니다. 즐거움은 하나님의 말씀에 대한 순종의 결과요 부산물입니다.

악인은 자기의 꾀를 따라서 스스로 즐거움을 구합니다. 하지만 그 결과는 고통입니다. 그런 관점에서 보면 악인은 즐거움과 거리가 멉니다. 죄의 쾌락이 주는 만족은 잠깐이고, 고통은 깁니다. 반면 순종의 삶은 처음에는 어렵지만,

나중에는 즐겁습니다. C. S. 루이스는 "우리는 너무 쉽게 즐 거워한다"고 말했습니다. 우리는 너무 쉽게 만족하려고 하 고, 너무 쉽게 문제를 해결하려고 합니다. 이것은 속는 길 입니다. 쉽게 얻은 즐거움은 곧 고통을 가져다줍니다. 참된 즐거움은 대가를 지불해야 얻을 수 있습니다. 그 대가는 하 나님의 말씀에 순종하는 것입니다.

하나님의 말씀에는 삶의 지혜와 이치, 세상이 돌아가는 법칙과 원리가 들어 있습니다. 세상은 하나님의 말씀의 법 칙과 원리를 따라 운영되고 있습니다. 그래서 말씀을 들여 다보면 길이 보입니다. 하나님의 말씀을 보면 무엇을 해야 하고 하지 말아야 할지, 어떤 길이 복되고 악한지 보입니 다. 잠언을 한번 생각해 보십시오. 약 3,000년 전의 메시지 인데 오늘 이 시대에 정확하게 적용되고, 우리의 인생길을 보여 주고, 삶의 문제를 풀어 주지 않습니까.

하나님은 우리의 행복을 위해 성경을 주셨다고 말씀하 십니다. 행복으로 가는 길이 하나님의 말씀 안에 있습니다. 하나님의 말씀을 따라가면 하나님이 우리를 행복으로 이끌 어 주십니다.

내가 오늘 네 행복을 위하여 네게 명하는 여호와의 명령

과 규례를 지킬 것이 아니냐 신 10:13

혹시 십계명을 부담스럽게 여기지는 않습니까? 십계명은 우리의 행복을 위해 하나님이 주신 명령입니다. 예를 들어, "안식일을 기억하여 거룩하게 지키라"(출 20:8)는 제4계명은 "주일에 문 닫고 돈 좀 적게 벌어라"는 말씀이 아닙니다. 우리가 주일에 하나님 안에서 안식을 누리며 행복하기를 원하시는 하나님의 뜻입니다.

잠언 10장 22절은 "여호와께서 주시는 복은 사람을 부하게 하고 근심을 겸하여 주지 아니하시느니라"고 말합니다. 하나님은 우리에게 참된 부를 누리게 하신다는 것입니다. 그런데 왜 사람들은 근심할까요? 그 원인은 하나님이 아니라 우리에게 있습니다. 말씀의 원리를 따라 돈을 벌고 사용하지 않으면 그것이 근심을 가져다줍니다.

중요한 것은 하나님의 말씀에 순종하는 것입니다. 죄는 우리에게 기쁨을 주지 못합니다. 쾌락은 일시적 만족을 줄 뿐 영원한 기쁨을 약속하지 못합니다.

왜 악인들에게 즐거움이 없는 것일까요? 그들은 하나님의 말씀을 거슬러 불순종하고 스스로의 방식과 고집과 의도로 살아가기 때문에 즐거움이 사라질 수밖에 없으며, 복 있는 삶이 불가능합니다. 하나님의 말씀이 아니라 자기의 생각과 감정이 기준이기 때문입니다. 누가 그들을 불행하게 만드는 것이 아니라 스스로 선택한 것입니다. 하나님의 말씀에 불순종함으로 찾아온 고통입니다.

말씀에 순종하는 일은 어렵습니다. 하지만 순종하는 삶만이 우리를 복의 길로 인도합니다. 예를 들어, "원수를 사랑하라"는 말씀은 순종하기 어려운 명령입니다. 그러나 원수를 용서하지 않으면 증오심과 분노가 스스로에게 치명적인 영향을 끼칩니다. 비록 용서하고 싶은 마음이 없을지라도 자신을 위해서 용서를 베풀어야 합니다. 말씀에 대한 순종을 미루면 마음에서 즐거움이 사라집니다.

하나님의 말씀밖에는
길이 없다

주의 말씀은 내 발에 등이요 내 길에 빛이니이다 시 119:105

고대 사회에서 등은 바로 발 앞을 밝혀 주었고, 빛은 전체를 밝혀 주었습니다. 이 말씀은 우리의 삶에는 매일 등이 필요하고, 우리의 인생에는 빛이 비쳐야 한다는 것을 알려줍니다. 등이나 빛이 없는 인생은 벼랑 끝입니다.

우리의 인생에 장애물이 얼마나 많습니까? 인생이 얼마나 험악하고 변수가 많습니까? 한순간에 꼬여 버리는 인생이 얼마나 많습니까? 우리는 벼랑 끝에서 떨어지고, 수렁에 빠지고, 엄청난 실수를 저지르고, 그 대가를 지불하는 시행착오를 날마다 겪으며 후회하는 인생을 살아갈 수밖에 없습니다.

그렇다면 어떻게 해야 험난한 인생길에서 즐거움을 맛보며 살아갈 수 있을까요? 하나님의 말씀밖에는 길이 없습니다. 인생이 꼬여 있고 복잡하다면 하나님의 말씀을 붙잡고, 말씀에 귀를 기울이고, 말씀을 따라 사십시오. 그러면 저절로 풀릴 것입니다. 말씀대로 살아 보십시오. 즐거움이 넘칠 것입니다.

말씀의 맛은 순종하는 사람만이 볼 수 있습니다. 말씀을 듣고 감동받는 데서 끝내지 말고 말씀을 그대로 실천하면 말씀이 복이라는 깨달음이 옵니다. 그때 비로소 하나님의 말씀이 짐이 아니라 즐거움으로 다가옵니다.

말씀에 순종하는 것은 결코 짐이 아닙니다. 하나님의 말씀에 순종하는 것은 전적으로 우리의 행복을 위해서입니다. 하나님이 즐거움을 주려고 우리에게 내리신 명령인 것입니다. 말씀대로 살면 축복을 받으니까 점점 더 말씀을 즐거워하게 됩니다. 말씀을 따라 살아갈수록 즐거움이 더 넘칩니다. 그 즐거움은 세상이 주는 즐거움과 차원이 전혀 다릅니다.

묵상은
즐거움이다

"오직 여호와의 율법을 즐거워하여 그의 율법을 주야로 묵상하는도다"(2절)라는 말씀에서 '율법을 즐거워하는 것'과 '율법을 묵상하는 것'은 서로 연결되어 있습니다. 여호와의 율법을 즐거워하는 사람이 곧 율법을 주야로 묵상하는 사람입니다. 묵상과 즐거움은 연결되어 있습니다.

누가 율법을 즐거워하며, 누가 율법에 순종할 수 있습니까? 묵상하는 사람입니다. 묵상을 제대로 하면 순종하게 되어 있습니다. 사실 우리가 순종하지 못하는 이유는 성경이 말하는 진리를 제대로 깨닫지 못했기 때문입니다. 말씀을 깨달으면 순종할 수밖에 없고, 순종하면 복이 됩니다.

그런데 성경은 수천 년 전에 우리와 다른 문화권에서 기록된 말씀이기 때문에 쉽게 이해하기 어렵습니다. 무엇보다 성경은 하나님이 주신 말씀입니다. 하나님이 인간의 언어로 하나님의 뜻을 전하신 것이기 때문에 인간의 언어에 갇혀 있다는 점도 염두에 두어야 합니다. 역사적 차이 및 번역본 등 언어적 차이도 있습니다. 성경은 구약의 히브리어나 신약의 헬라어로 읽으면 또 다릅니다.

신적인 언어는 우리가 단순히 읽어서는 이해할 수 없는 것으로서, 건성으로 가볍게 읽어서는 안 됩니다. 성경이 이해되지 않고 깨달아지지 않으면 시간을 들여야 합니다. 무작정 기다린다고 되지 않습니다. 어떤 말씀은 너무 어려워서 기다려도 이해되지 않을 수 있습니다.

우리는 훈련을 받아야 합니다. 기본적인 참고서를 봐야 하고, 교육도 받아야 하며, 성경 공부도 해야 합니다. 대가를 지불해야 합니다. 여호와의 율법을 즐거워하여 주야로 묵상하는 단계는 하루아침에 도달할 수 있는 경지가 아닙니다. 진리에 눈이 갑자기 열리지 않습니다. 풍성한 말씀의 세계로 들어가 말씀의 진짜 맛을 보려면 수고를 해야 합니다. 아울러 인간이 신적인 언어인 하나님의 말씀을 이해하려면 성령의 도우심이 필요합니다.

하나님의 말씀을 매일 묵상하고, 날마다 이끌림을 받지

않으면 자기의 생각과 뜻, 주장, 고집대로 살아가게 됩니다. 그때 악인이 됩니다. 악인이 따로 있는 것이 아닙니다. 시편 1편에서 이야기하는 악인은 하나님의 말씀이 중심에 없는 사람을 가리킵니다. 하나님의 말씀을 즐거워하지 않고 주야로 묵상하지 않는 사람이 악인입니다. 그들은 자기 뜻대로 살기 때문입니다.

묵상하기 이전에 일단 성경을 읽어야 합니다. 성경을 읽지 않으면서 묵상을 하기란 불가능합니다. 우리가 신자요 하나님의 백성이라면 하나님의 말씀에 관심을 가져야 합니다. 오늘날 우리는 TV, 게임, 스마트폰 등 감각적인 매체들에 시간을 얼마나 많이 빼앗기는지 모릅니다. 그러면서 성경은 보지 않습니다. 성경을 보지 않으면서 성도라고 할 수 있을까요?

하나님의 말씀을 사랑한다면 말씀을 읽는 일에 시간을 들여야 합니다. 연인이 보낸 편지라면 행간까지도 읽어 내려고 오래도록 그 앞에 머물러 음미하지 않습니까? 미국의 어떤 그리스도인들은 부활절에 교회에 가고, 세례도 받고, 자신이 천국에 갈 것도 아는데 성경은 읽지 않는다고 합니다. 그렇다면 과연 그들은 무엇을 믿는 것일까요? 우리가 믿는 믿음에 대한 내용이 성경에 들어 있는데 말입니다.

우리는 다른 무엇보다도 하나님의 말씀을 가까이해야 합니다. 말씀을 읽는 영적 습관을 들여야 합니다. 시간이 날 때마다 성경을 읽으십시오. 성경은 우리의 존재를 흔들어 놓습니다. 묵상은 내가 성경을 읽고 판단하는 것이 아니라 말씀이 나를 사로잡는 단계입니다. 내가 성경을 쪼개고 분석하는 것이 아니라 말씀에 의해 내가 분해되고, 깨어지고, 사로잡히는 단계입니다. 묵상을 하면 말씀에 압도당합니다.

말씀이 내 영혼 깊숙이 들어오면 내 삶의 중심에 말씀이 자리를 잡으면서 생명과 능력, 소망, 위로 그리고 힘이 됩니다. 내 삶을 움직이는 에너지이자 빛이 됩니다. 그때 우리는 하나님의 백성으로 살게 됩니다.

제 기도 제목은 성경을 더 많이 아는 것입니다. 하나님의 말씀을 더 알고 싶습니다. 진리의 비경으로 빠져들기를 원합니다. 진리가 진리로 자리 잡고, 내 중심에서 나를 이끄는 말씀을 따라서 살아가면서 말씀의 즐거움을 맛보기를 간절히 원합니다.

말씀의 맛에
사로잡힌 삶

"무엇을 통해 즐거움을 얻을 것인가?"라는 우리 인생의 거대한 주제에 대한 답을 찾았습니까? 허튼 것, 엉뚱한 것에서 인생의 즐거움을 찾으려고 몸부림을 치다가 망하지 않고 승리할 수 있는 비결은 영적인 만족과 즐거움을 추구하는 데 있습니다. 그것은 진리 안에 있습니다. 우리가 붙잡고 있는 말씀으로 충만할 때 우리의 삶은 부요해집니다. 말씀은 우리로 하여금 어떤 것에도 흔들리지 않는 중심 잡힌 그리스도인이 되어 세상을 이기게 할 것입니다.

말씀을 즐거워하십시오. 말씀 자체에 즐거움이 있습니다. 말씀의 맛은 다양합니다. 말씀은 우리의 영혼을 만족시켜 줍니다. 단순히 감각적인 만족이 아닙니다. 그리고 말씀을 따라 살 때 주어지는 결과와 축복 그리고 즐거움을 누리십시오. 하나님의 말씀이 진리임을 깨달을 때 찾아오는 즐거움은 세상의 어느 것과도 비교할 수 없습니다.

말씀을 가까이해야 합니다. 일정한 분량을 정해 매일 읽으십시오. 말씀을 계속 보면 눈이 열립니다. 말씀을 사랑하고 경외하는 마음으로 가까이 대하면 성령께서 우리의 눈을 열어 주십니다. 말씀이 진리인 줄 믿는다면 말씀에 생명을 걸어야 합니다. 성경의 비경으로 들어가야 합니다. 진리의 강이 얼마나 깊은지 알고자 노를 저어 가다 보면 우리의 영혼이 춤을 추는 역사가 일어날 것입니다.

말씀은 우리의 생각과 마음을 바꾸어 놓습니다. 일상 속에서 말씀을 묵상하는 습관이 형성되어 있으면 우리의 삶은 저절로 형통의 길, 복 있는 사람의 길을 걸어가게 되어 있습니다. 또한 말씀을 통해 주어지는 즐거움을 맛보면서 세상이 주는 즐거움에 도취되거나 유혹에 빠지지 않고 승리하며 살아갈 수 있습니다.

하나님의 말씀이 매일매일 내 삶에 영향을 끼치지 않으면 악인의 길로 갈 수밖에 없다는 사실을 기억하십시오. 내가 악한 사람이 되고 싶어서 악한 사람이 되는 것이 아닙니다. 하나님의 말씀이 영혼의 중심에 자리를 잡아 내 삶을 이끌어 가지 않으면 저절로 악인의 길로 가게 되어 있습니다.

말씀을 즐거워하는 신앙생활이 유일한 답입니다. 말씀을 즐거워하면 세상의 유혹을 거뜬히 이길 수 있습니다. 말씀을 즐거워하고 말씀이 영혼을 사로잡고 있으면 내 영혼을 잠깐 들뜨게 하는 세상의 말초적이고 감각적인 즐거움에 인생을 낭비하지 않게 됩니다.

혹시 인생이 꼬여 있고, 삶이 무겁고, 고통스럽습니까?

다른 길이 없습니다. 말씀으로 돌아가십시오. 말씀을 따라
가면 인생이 풀리게 되어 있습니다. 말씀의 매력에 빠지고,
말씀을 사랑하고, 말씀에 담금질을 당하고, 말씀에 머물러
있어 보십시오. 매일 성경을 펴고 말씀 앞에 거하십시오.
하나님의 말씀에 사로잡혀 말씀의 즐거움을 맛보는 인생이
될 것입니다.

2장

: 무엇으로 즐거워하는가

1 세상에서 맛보는 즐거움과 말씀 묵상을 통해 맛보는 즐거움 모두를 경험해 보았습니까? "무엇을 통해 즐거움을 얻을 것인가?"라는 질문에 답을 가지고 있습니까?

2 꿀송이보다 단 말씀을 맛보며 즐거워한 경험이 있습니까? 내 인생에서 맛본 말씀의 맛을 '달콤한', '쌉싸름한', '새콤한', '쓴' 등 다양한 형용사로 표현해 보십시오.

3 날마다 말씀이 나를 분해하고, 깨고, 사로잡는 경험을 하고 있습니까? 말씀 묵상은 훈련입니다. 매일 성경을 펴고 말씀을 묵상하는 거룩한 습관을 들이기로 결단하고 구체적인 나의 계획을 나눠 보십시오.

3장

묵상하는 그리스도인

묵상,

내 삶의 기준

시편이 주는 메시지는 참 많습니다. 종교개혁자 마르틴 루터는 시편을 매우 좋아했다고 합니다. 시편 안에 구속사적인 메시지를 포함해 신앙의 중심적인 내용이 많이 담겨 있기 때문입니다. 그런 이유로 시편 150편을 여는 서막인 시편 1편은 시편 전체의 주제이자 기준이 되는 매우 중요한 말씀입니다.

우리는 모두 복 있는 삶을 살고 싶어 합니다. 그런데 뜻대로 되지 않는 것이 문제입니다. 복된 길을 걷기보다는 전

72

혀 엉뚱한 길로 들어설 때가 많습니다. 운전을 할 때 내비게이션을 따라가다가 잠시라도 다른 길로 빠지면 "경로를 벗어났습니다!"라는 음성이 곧장 들려옵니다. 우리는 누구나 인생의 경로에서 벗어날 때가 있습니다. 전혀 생각지도 않았던 인생을 살게 될 때도 있습니다. 그 이유는 영향력 때문입니다. 어떤 것에 영향을 받는가에 따라 우리가 걷는 길이 달라집니다.

우리는 독자적으로 살아가는 존재로 창조되지 않았습니다. 반드시 무엇인가에 영향을 받고 살아갑니다. 사실 나의 인생은 나에게 영향을 끼쳤던 어떤 것, 어떤 사상, 어떤 사람들 때문에 만들어진 것입니다. 그러므로 누구를 만나느냐가 중요합니다.

가만히 보면 부모의 역할이 참 큰 것 같습니다. 부모에게 받은 교훈이나 상처, 부정적인 경험들이 일평생에 영향을 미쳐 우리의 인생을 만들어 갑니다. 좋은 교우, 친구, 동료, 이웃을 만나는 것도 중요합니다. 어떤 사람들과 함께하느냐는 단순한 만남에 그치지 않고 우리의 인생길을 바꾸어 놓습니다.

언젠가 한 일본 작가의 책에 심취한 분을 만난 적이 있습니다. 안타깝게도 그분은 좋지 않은 영향을 받고 있었습니

다

다. 수십 년이 지났는데도 그 일본 작가의 정신세계에 갇혀 있었습니다. '책 한 권이 인생을 바꿀 수도 있구나'라는 사실을 그분을 통해서 절실히 느낄 수 있었습니다. 드라마 한 편도 그냥 만들어지는 것이 아닙니다. 드라마에는 작가의 영향력이 묻어 있습니다. 예를 들어, 친동성애 내용이 계속 나오면 나중에는 기준이 무너지고 영향을 받게 됩니다.

지금 무엇에 영향을 받으며 살고 있습니까? 우리는 이 세상을 살면서 악인들의 꾀를 따르고, 죄인들의 길에 서 있고, 오만한 자들의 자리에 앉아서 하나님을 무시하는 사람들의 삶의 모습에 자신도 모르게 영향을 받습니다. 그렇다 보니 어느 순간 우리도 악인들의 꾀를 따르고, 죄인들의 길에 서며, 오만한 자들의 자리에 앉게 됩니다. 길에 대한 분별력이 없기 때문에 쉽게 영향을 받는 것입니다. 그래서 자기가 의도하지 않은 인생을 살아가고 인생에 비극과 불행을 맞이하게 됩니다.

1절이 경계하는 악한 영향력으로부터 보호받으려면 어떻게 해야 할까요? 악한 영향력을 물리치고 바르게 살도록 만드는 힘은 무엇일까요?

오직 여호와의 율법을 즐거워하여 그의 율법을 주야로 묵

상하는도다 시 1:2

악인들과 죄인들과 오만한 자들의 삶의 영향력에서 나 자신을 지키고 하나님의 말씀을 따라 살아가려면 오직 여호와의 율법을 즐거워하여 주야로 묵상하는 것이 필요합니다. 오늘날 세속적인 문화로 뒤덮인 거대한 세상이 주는 메시지, 신화들, 사람들이 만들어 놓은 이론들에 영향을 받지 않고 하나님의 말씀을 따라 살아가려면 2절 말씀을 꼭 붙들어야합니다.

1절의 복 있는 사람과 2절 말씀은 바로 연결됩니다. 복은 우리 스스로 만들어 내는 것이 아니라 하나님이 주시는 것입니다. 그런데 누구에게나 복이 주어지는 것이 아닙니다. 성경에서 복을 말할 때는 항상 순종과 연결됩니다. 시편 1편에서 순종은 여호와의 말씀을 즐거워하여 묵상하는 것과 연결됩니다. 율법을 즐거워하는 사람이라야 묵상하게 되고, 묵상을 해야 율법을 즐거워하는 단계에 이를 수 있습니다.

묵상은

밥 잘 먹기다

그렇다면 묵상이란 무엇일까요? 묵상은 인도나 동양 종교에서 말하는 '명상'과는 다른 말입니다. 명상은 자기를 비우는 것입니다. 모든 것을 내려놓아 아무것도 없는 상태가 되는 것입니다. 무아 혹은 몰아의 경지에 이르러 번뇌를 벗어 버리고 해탈의 경지에 이르는 것, 즉 공(空)이 되는 것입니다. 그러나 기독교의 묵상은 비우는 것이 아니라 채우는 것입니다. 바로 말씀으로 채우는 것입니다.

> 그리스도의 말씀이 너희 속에 풍성히 거하여 모든 지혜로 피차 가르치며 권면하고 시와 찬송과 신령한 노래를 부르며 감사하는 마음으로 하나님을 찬양하고 골 3:16

다른 말로 하면, 묵상은 하나님의 말씀이 내 안에 완전히 용해되어 스며들게 해 나를 지배하고 다스리도록 말씀으로 나를 채우는 것입니다. 그러므로 비우거나 내려놓는 것이 아니라, 말씀을 통해 우리의 마음과 감정과 지성이 가장 활발한 상태가 되는 것입니다.

앞서 1장에서 '묵상'의 히브리어 '하가'의 의미를 살펴보왔습니다. 그런데 '하가'에는 또 하나의 의미가 있습니다. 무엇인가에 푹 빠져 있는 상태를 뜻하는데, 이는 마치 강아지가 갈비뼈를 물고 빠는 행위를 연상하게 합니다.

성경은 영적인 삶을 '먹는다'라는 표현에 많이 비유합니다. 실제로 영적인 삶은 먹는 행위와 비슷합니다.

> 너희는 여호와의 선하심을 맛보아 알지어다 그에게 피하는 자는 복이 있도다 시 34:8

> 내가 천사에게 나아가 작은 두루마리를 달라 한즉 천사가 이르되 갖다 먹어 버리라 네 배에는 쓰나 네 입에는 꿀같이 달리라 하거늘 내가 천사의 손에서 작은 두루마리를 갖다 먹어 버리니 내 입에는 꿀같이 다나 먹은 후에 내 배에서는 쓰게 되더라 계 10:9-10

사도 요한은 '두루마리'(성경)를 '먹는 것'에 비유했습니다. '말씀을 먹는다'라는 은유적 표현을 사용한 것입니다. 사실 '성경을 읽는다'보다 '성경을 먹는다'라는 말이 더 적절합니다.

묵상이라는 단어 자체도 '먹는다'라는 표현과 연관되어

있습니다. 묵상을 '되새김질'로 이야기하곤 합니다. 소나 양 같은 초식 동물들은 되새김질로 음식을 잘게 분해하면서 음식을 섭취합니다. 묵상은 성경을 간단하게 읽고 넘기는 것이 아니라 밥을 먹는 행위와 같습니다. 우리는 밥을 먹을 때 밥알을 입 안에서 돌리다 뱉지 않습니다. 아주 잘게 씹어서 침과 함께 섞어 완전히 분해해 식도를 통해 위로 넘기고, 위에서 소화시켜 영양소로 바꾸는 과정을 거칩니다. 그래서 밥알은 입 안에서는 형체가 사라지지만 사실 영양소로 바뀌어 우리의 온몸에 전달되어 살이 되고 피가 됩니다.

먹는 행위는 매우 중요합니다. 그래서 우리가 아무리 바빠도 먹는 일을 멈추지 않는 것입니다. 육체가 밥을 먹어야 힘을 내는 것처럼 우리의 영혼은 말씀을 먹어야 힘을 냅니다. 말씀을 먹지 않으면 영혼은 빈사 상태에 빠지고 맙니다. 몸을 아무리 멋지고 예쁘게 가꾸어도 영혼이 건강하지 않거나 힘을 내지 않으면 우리의 육체는 고깃덩어리가 될 뿐입니다. 우리는 말씀을 먹어야 합니다. 말씀을 어떻게 먹어야 하는지를 배워야 합니다. 그것이 바로 묵상입니다.

성경을 단순히 책으로 여겨서는 안 됩니다. 영혼의 밥이고, 고기이고, 매일 대해야 하는 성찬입니다. 가끔 성경을 간식 정도로 생각하는 사람이 있습니다. 아무리 훌륭한 메

뉴라도 간식만 먹고는 살아갈 수 없습니다. 간식은 건너뛰어도 되고, 디저트는 안 먹어도 되지만 밥은 꼭 먹어야 합니다. 말씀 묵상은 밥을 먹는 행위처럼 누구나 해야 하는 일입니다.

어떤 사람들은 말씀 묵상을 약 먹는 것으로 생각하기도 합니다. 그들은 필요하거나 힘들 때만 성경 말씀을 읽고, 보통 때는 찾지 않습니다. 그런데 말씀은 약의 기능도 하지만 밥의 기능을 주로 합니다. 매일 먹어서 힘을 내 우리의 영혼이 살게 해야 합니다.

성질이 급한 분들은 밥을 제대로 씹지도 않고 넘기는데, 그러면 소화불량에 걸리고 영양소가 충분히 흡수되지 않아 힘을 낼 수가 없습니다. 말씀도 제대로 묵상하고 읽어야 합니다. 묵상하지 않으면 소화가 되지 않습니다. 말씀 묵상은 말씀이 우리의 영혼에 피가 되고 살이 되게 하는 과정입니다.

신자는 말씀으로 삽니다. 말씀을 단순히 읽고, 듣고, 연구하는 데서 그치는 것이 아니라 말씀이 우리의 영혼 깊숙한 곳까지 흡수되고, 침투되고, 피가 되고, 살이 되어서 나를 살게 만드는 경험을 해야 합니다. 말씀이 우리 내면에 깊이 스며들게 하는 일보다 더 중요한 것이 없습니다.

자신의 몸을 귀중하게 여기는 분들이 있습니다. 요즘은

몸을 건강하게 하기 위해 건강식을 비롯해 온갖 좋은 음식을 골라서 먹는 시대입니다. 그런데 정말 중요한 것은 우리의 육체가 아니라 영혼입니다. 쓸데없는 정보나 세상의 거짓된 진리가 아니라 하나님의 진리의 말씀을 우리 내면에 깊이 스며들게 하는 작업이 필요합니다. "그리스도의 말씀이 너희 속에 풍성히 거하여"(골 3:16)라는 말씀이 이루어지는 단계가 바로 말씀 묵상입니다.

우리의 영혼은 하나님의 말씀으로 자라고 강해집니다. 하나님의 말씀으로 힘을 얻습니다. 그러므로 말씀이 우리 안에 체화되어서 삶을 이끄는 능력이 되어야 제대로 된 신앙의 삶으로 진입할 수 있습니다.

묵상은
뿌리내리기다

그는 시냇가에 심은 나무가 철을 따라 열매를 맺으며 그 잎사귀가 마르지 아니함 같으니 그가 하는 모든 일이 다 형통하리로다 시 1:3

3절은 2절 말씀에 순종해 하나님의 말씀을 먹고 말씀에 뿌리를 내린 결과입니다. 여기서 '시냇가에 심은 나무'는 말씀을 묵상하는 그리스도인을 비유합니다. 이스라엘 땅은 뜨거운 열풍이 불고 비가 오지 않아서 기근이 있는 척박한 환경입니다. 그러나 시냇가에 뿌리를 내린 나무는 주변의 영향을 받지 않고 잘 자라납니다. 시냇가에 심은 나무는 뿌리가 물에 촉촉하게 적셔 있기 때문에 영양소를 끊임없이 빨아 당깁니다.

나무는 우리의 인생을 매우 잘 은유합니다. 우리의 인생은 한 그루의 나무와 같습니다. 어린아이는 갓 심은 어린 나무입니다. 바람이 불면 날아갈 것 같습니다. 그런데 그 나무가 점점 자라서 나중에 거목이 되기도 합니다. 뿌리를 깊이 내린 나무는 철을 따라 열매를 맺습니다. 많은 사람과 동물이 열매를 먹으며 기뻐하고, 새들이 날아와 지저귀는 아름다운 전경을 연출합니다.

뿌리가 중요합니다. 뿌리가 깊은 나무는 주변의 영향을 받지 않습니다. 시냇가에 심은 나무는 힘들고 어려운 세상 한가운데서 세상의 풍조와 이론, 철학을 따르며 살아가는 사람이 아니라, 하나님의 말씀에 뿌리를 내려서 주변의 환경에 요동하거나 변질되지 않고 살아가는 신자의 모습을 말합니다.

나무가 어디에 심겨 있느냐가 나무의 운명을 결정하는 것처럼, 우리의 영혼이 어디에 뿌리를 내리고 있느냐가 중요합니다. 말씀을 매일 묵상하며 살아가면 말씀이 나를 사로잡기 때문에 주변의 영향력에서 우리 자신을 지켜 낼 수 있습니다.

말씀에 뿌리를 내리는 일은 하루아침에 속성으로 이루어지지 않습니다. 신앙의 연조도 중요하지 않습니다. 훈련이 필요합니다. 뿌리를 내리는 과정, 즉 말씀을 묵상하는 훈련이 1년, 10년, 20년이 지나면 매우 놀라운 일이 일어납니다.

말씀에 뿌리를 내리지 않은 사람은 쉽게 변질됩니다. 변질이라는 것이 얼마나 무섭습니까? 어느 날 나도 모르게 변질됩니다. 우리는 세상의 시류를 따르기가 너무 쉽습니다. 거짓된 속임수, 유혹, 이단들의 미혹에 금세 빠지고 맙니다. 누군가의 한마디 말에 부화뇌동합니다. 왜 누군가의 말에 밤을 지새우고 끙끙 앓습니까? 외부의 어떤 부추김을 견뎌 낼 수 있는 힘이 내 안에 없기 때문입니다. 말씀에 뿌리를 내리고 있지 않기 때문에 바람에 나는 겨와 같은 인생인 것입니다. 내 영혼을 붙들어 주는 말씀, 누가 어떤 말을 한다 해도 조금도 요동하지 않게 하는 하나님의 말씀이 나를 사로잡고 있어야 합니다.

그렇다면 말씀에 뿌리를 내렸다는 것을 어떻게 알 수 있을까요? 모든 판단과 결정의 근거가 하나님의 말씀인지를 보면 알 수 있습니다. 만약 말씀과 상관없이 내 감정과 생각과 지식에 따라 결정을 해 버린다면 말씀에 뿌리를 내리고 있다고 볼 수 없습니다. 결국 악인의 길을 따를 뿐입니다.

예수님은 공생애를 시작하시기 전 광야에서 40일을 금식하셨습니다. 예수님이 금식을 마치신 직후 마귀가 세 가지 시험을 했습니다. 세 가지 시험에 예수님은 동일하게 반응하셨습니다. 배가 고픈 사람에게 밥 먹는 일은 너무나 당연합니다. 그런데 예수님은 당연하게 반응하지 않고 다르게 반응하셨습니다. 다르게 반응하셨다는 것은 상황에 따라 임기응변적으로 반응하신 것이 아니라, 하나님의 말씀으로 대응하셨음을 의미합니다. 예수님은 평소에 하나님의 말씀에 붙들려 있었기에 사탄의 유혹 앞에서 세상과 다른 논리인 하나님의 말씀으로 다르게 반응하실 수 있었습니다.

마귀가 유혹해 올 때 진리의 말씀으로 승부를 걸어야 합니다. 예수님이 마귀의 유혹을 물리칠 때 말씀을 인용하셨다는 점은 매우 중요합니다. 평소에 말씀을 아셨고, 묵상하셨으며, 암송하셨다는 의미입니다. 묵상과 함께 성경 암송도 매우 중요합니다.

말씀을 붙들고 있으면 영적 전쟁에서 승리할 수 있습니다. 에덴동산에서 아담과 하와가 넘어진 이유는 하나님의 말씀을 온전히 알지 못했기 때문입니다. 마귀도 말씀을 가지고 옵니다. 그런데 말씀을 약간 꼬아서 가져옵니다. 그것을 분별할 수 있는 능력이 없으면 당하는 것입니다. 예수님은 성경 말씀을 정확하게 가져와 그대로 마귀를 공격하셨습니다.

우리의 매일은 영적 전쟁입니다. 우리는 마귀를 대항할 때 진리인 하나님의 말씀으로 이겨야 합니다. 이때 적시타를 때릴 수 있는 말씀이 떠올라야 합니다. 묵상하고 암송한 말씀이 없으면 마귀의 공격에 제때 사용할 수 없습니다. 그러면 자신의 생각으로 일을 처리하게 되고, 거기에서 문제가 생깁니다. 우리는 말씀을 암송할 뿐 아니라 외운 말씀을 묵상해야 합니다.

말씀 묵상은 뿌리내리기입니다. 말씀이 인격 깊은 곳까지 스며들게 하려면 묵상이 필수입니다. 말씀이 우리의 인격을 지배하는 작업이 없으면 신앙은 형식적이고 껍데기만 남을 뿐입니다. 교회에서 열심히 봉사할 때는 신앙이 좋은 것 같았는데 세상에 나가면 전혀 다른 사람으로 돌변하는 경우가 종종 있습니다. 교회에서는 말씀을 아는 것 같았는데 세상에 나오면 말씀이 사라져 버립니다. 말씀과 삶의 괴리가 일어난 것입니다. 원인은 말씀이 뿌리내리는 과정이 생략되었기 때문입니다.

주일에 설교 한 번 들은 것으로 일주일을 살 수 있습니까? 아무리 명설교에 기가 막힌 감동을 받아도 주일에 잠시 하나님의 말씀을 듣는 것으로는 세상에서 말씀이 나를 주도적으로 이끌어 가게 할 수 없습니다. 말씀이 내 안에 깊이 스며들어 교회 바깥 일상에서 나와 말씀이 분리되지 않는 단계까지 가야 합니다.

말씀이 나를 지배해야 합니다. 나무가 견고히 서고 잎사귀가 사계절 푸른 이유는 뿌리가 수고하는 덕분입니다. 뿌리의 수고는 눈에 보이지 않습니다. 보이지 않는 영역이라 우리는 그 사실을 간과해 버립니다. 신앙도 우리의 겉모습에서 결정되지 않습니다. 우리의 외적 활동이 신앙이 아닙니다. 신앙생활은 내적인 것입니다. 예수님은 이렇게 말씀하셨습니다.

나는 포도나무요 너희는 가지라 그가 내 안에, 내가 그 안

에 거하면 사람이 열매를 많이 맺나니 나를 떠나서는 너
희가 아무것도 할 수 없음이라 요 15:5

　포도나무 가지는 포도나무에 붙어 있지 않으면 열매를
맺을 수 없습니다. 우리는 주님을 떠나서는 아무것도 할 수
없습니다. 그리스도께 철저히 붙어 있음으로 생명을 얻고
우리의 존재가 가능해지는 것입니다.

　신앙은 겉모양의 싸움이 아닙니다. 건성으로 세월을 보
내다간 어느 순간 허송세월의 대가를 지불해야 할 때 매우
고통스러울 것입니다. 주일에 교회에서 승부가 나는 것이
아니고 일상 속, 눈에 보이지 않는 시간 속에서 결정됩니
다. 이 일은 일상에서 하나님의 말씀을 얼마나 깊이 묵상하
느냐에 따라 결정됩니다. 말씀을 건성으로 읽고 말면 말씀
이 내 삶에 아무런 영향력도 미치지 못하기 때문에 악인들
의 길을 따르고, 죄인들의 길에 서고, 오만한 자들의 자리
에 언제든지 앉아 버리고 말 것입니다. 그 길은 결국 망합
니다.

　오늘날 우리 시대의 특징은 경박함입니다. "오직 바람에
나는 겨와 같도다"(4절)라는 말씀과 똑같습니다. 왜 이처럼
가벼워졌을까요? 바람에 나는 겨는 뿌리가 없으니 경박합

니다. 경박한 인생이란 자기의 삶을 지탱해 주는 가치관이 부재한 삶을 말합니다. 생명을 걸고 지켜야 할 절대적 진리가 없는 것입니다. 상황이나 환경, 기분 또는 친구 따라 끊임없이 요동치는 인생을 사는데, 그 인생이 어찌 복되다 할 수 있겠습니까?

결국 우리 신앙의 척도는 말씀과의 거리입니다. 말씀과 멀어지면 하나님과 멀어지고, 하나님과 멀어지면 악인이 됩니다. 하나님과 가까이하는 것은 다름 아닌 하나님의 말씀과 가까이하는 것입니다. 하나님의 말씀과 가까이하다 보면 악인의 길, 망하는 길이 보이니 그 길을 선택하지 않습니다. 저절로 분별력이 생기는 것입니다.

우리의 인생을 가름하는 것은 결국 분별력입니다. 분별력은 말씀의 기준이 분명하게 서 있어야 생기고, 분별력이 있어야 거절해야 하는 순간에 분명히 거절할 수 있는 용기가 생깁니다. 어두움 속에 있으면 악인의 꾀인지, 죄인의 속임수인지 알 길이 없습니다. 특별히 우리는 친구들 사이에 있으면 분별력이 사라집니다. 내가 누구와 사귀고 있는지, 이 길이 망하는 길인지 흥하는 길인지 분별해야 합니다.

묵상하는 삶이
형통을 연다

묵상은 말씀이 우리의 영혼에 깊이 뿌리를 내리게 합니다. 그러면 비록 환경은 사막이지만 뿌리를 시냇가에 내린 나무와 같은 인생이 되며, 말씀이 이루어지는 삶을 살게 됩니다. 묵상은 결국 열매를 맺게 합니다.

> 그는 시냇가에 심은 나무가 철을 따라 열매를 맺으며 그 잎사귀가 마르지 아니함 같으니 그가 하는 모든 일이 다 형통하리로다 시 1:3

얼마나 아름다운 풍경입니까? 우리의 인생이 이 말씀처럼 된다면 얼마나 좋을까요? 시냇가에 심은 나무는 철을 따라 열매를 맺습니다. 잎사귀가 마르지 않고 그가 하는 모든 일이 다 형통합니다. 이 말씀은 2절 말씀에 순종해 말씀을 먹고 말씀에 뿌리를 내릴 때 자연스럽게 주어지는 결과입니다.

여기서 '열매'와 '형통'이라는 단어에 주목하십시오. 열매 맺는 삶이 형통한 삶입니다. 이것이 시냇가에 심은 나무의 결과입니다. 말씀에 뿌리를 내리고 살아가자 자연스럽게 나타나는 결과요 부산물입니다. 지속적인 순종의 결과입니다. 다시 말해, 형통은 어느 날 갑자기 주어지는 것이 아니라 어떤 일에 지속적으로 순종한 결과인 것입니다.

말씀을 즐거워하여 주야로 묵상하는 삶을 살면 어느 날 나도 모르게 형통의 삶이 열려 있는 모습을 보게 됩니다. 하나님은 하나님의 말씀을 사랑하고, 말씀을 주야로 묵상하고, 말씀에 뿌리를 내리고 살아가는 사람에게 삶의 형통을 주십니다.

우리는 신앙생활을 하면서 착각하지 말아야 합니다. 악인이 잘사는 것 같고, 악인의 꾀가 승리하는 것 같고, 악인의 의도와 계획이 잘 풀리는 것 같지만, 아닙니다. 악인의 형통을 부러워하지 마십시오. 악인의 형통은 일시적입니다. 인간의 꾀를 따르면 일시적으로는 잘되는 것 같지만 하나님에게서 온 것이 아니기 때문에 무너지게 되어 있습니다. 하나님의 말씀을 벗어나 자기 마음대로 쌓아 올린 형통은 곧 사라지고 말 뿐입니다.

빠른 길로 가는 것을 너무 좋아하지 마십시오. 우리는 빠른 길보다 바른 길을 선택해야 합니다. 말씀을 따라 살아가다 보면 때로는 돌고 도는 것 같지만 그것이 가장 빠른 길입니다.

우리가 죄인들의 길을 거절하지 못하는 이유가 무엇일 까요? 말씀에 어둡기 때문입니다. 분별력이 없고 자기 욕망에 끌려서 악인들의 꾀를 따르다 보니 스스로 망하는 것입니다.

물론 말씀을 묵상하고 순종하며 살아갈 때 모든 일이 잘되는 것은 아닙니다. 때로는 형통과 거리가 먼 상황이 일어날 수도 있습니다. 하나님의 말씀대로 살았는데 내 삶이 점점 어려워진다고 할지라도 두려워하지 마십시오. 중요한 것은 나무의 뿌리가 시냇가에 심겨 있는가입니다. 그러면 때가 되면 열매를 맺게 되어 있습니다. 아무리 삶이 힘들어도 말씀을 붙잡고, 말씀에 사로잡히고, 말씀에 뿌리를 내리고 살아가면 결국은 하나님이 우리를 이기게 하시고 형통하게 하십니다.

인생을 살다 보면 누구에게나 어려운 일이 생깁니다. 세상 사람들은 고난이 오면 극단적인 생각을 하거나 부정적인 결론을 내립니다. 하지만 말씀에 깊이 뿌리를 내린 사람은 고난이 와도 흔들리지 않습니다. 묵상은 하나님의 말씀을 생각하는 것입니다. 말씀이 내 생각에 영향을 줍니다. 묵상하는 사람은 고난이 찾아와도 말씀 안에서 고난을 바라보고 재해석합니다. 그러면 고난이 고난으로 끝나지 않고 고난 속에 하나님의 축복이 있다는 것을 믿어 긍정적인 결론을 내리게 됩니다. 고난을 통해 오히려 믿음이 자라고 하나님의 말씀을 배우는 은혜를 누립니다.

> 고난당한 것이 내게 유익이라 이로 말미암아 내가 주의 율례들을 배우게 되었나이다 시 119:71

평소 무엇이 내 생각에 영향을 미치고 있는지 생각해 보십시오. 하나님의 말씀이 내 생각에 영향을 미쳐야 합니다. 날마다 하나님의 말씀을 묵상하는 사람은 뿌리가 물가에 심긴 나무이기 때문에 주변 환경에 상관하지 않습니다. 세상에서 무슨 일이 일어나도 영혼이 말씀에 뿌리를 내리고 있기에 말씀대로 생각하고, 말씀대로 살고, 말씀이 이루어지는 은혜를 맛봅니다. 한편 죄를 묵상하고 사는 사람은 죄인들의 길을 걷고, 결국 죄 때문에 망합니다.

말씀은 우리 영혼의 밥입니다. 묵상은 밥을 잘 먹는 행위입니다. 스쳐 지나가듯이 말씀을 한 번 읽고 끝내서는 안 됩니다. 묵상은 우리의 영혼이 말씀에 깊이 뿌리를 내리게 해 줍니다. 말씀 묵상은 결국 열매를 맺는 삶이요, 복된 삶의 길입니다. 이제 말씀을 대하는 우리의 태도가 달라져야 합니다.

시편 1편은 우리의 삶과 생활의 본질을 가르쳐 줍니다. 우리의 영혼이 어떻게 자라고, 어떻게 힘을 얻는지, 어떻게 우리의 인생이 복된 길을 걸어갈 수밖에 없는지를 선명하게 가르쳐 줍니다. 복 있는 사람은 하나님의 말씀을 묵상하는 사람이고, 그의 길은 결국 형통의 길임을 우리에게 알려 줍니다.

말씀을 즐거워하고 깊이 묵상하십시오. 말씀과 함께 시간을 보내며 성령의 도우심을 구하십시오. 그러면 살아 계신 성령께서 살아 있는 생명의 말씀을 깨닫게 하시고, 눈을 열어 주시며, 우리에게 말씀을 주실 것입니다. 말씀에 승부를 걸고, 말씀을 즐거워하고, 말씀을 주야로 묵상하면 하나님이 형통한 길로 인도하실 것입니다.

3장

: 묵상하는 그리스도인

1 말씀에 뿌리를 내리지 않은 사람은 쉽게 흔들립니다. 신앙이 좋은 줄 알았던 내가 삶의 풍랑을 만났을 때 어떤 반응을 보였습니까? 시험에 빠지고 하나님을 원망해 멀리 떠났던 적이 있습니까?

2 편법과 탈세 등 꾀를 부린 사람이 세상에서 성공하고, 오히려 말씀을 지키며 사는 사람이 어려움을 겪는 일을 본 적이 있습니까? 그때 어떤 생각이 들었는지 이야기를 나눠 보고, 내가 두 길 중 어느 길을 가야 할지 이야기해 보십시오.

3 열매와 형통은 어느 날 갑자기 주어지는 것이 아니라 말씀 묵상에 지속적으로 순종한 결과입니다. 말씀에 순종해 선한 열매를 거두었거나 형통했던 경험이 있다면 나눠 보십시오.

4장

주야로 묵상하는 자

묵상,
하나님과 교제 수단

오늘날은 매우 혼탁한 시대입니다. 대기 오염이 심합니다. 대기 오염보다 더 심각한 것이 있는데, 바로 영적 오염입니다. 분별력을 가지기가 참 어려운 시대입니다. 무엇이 참이고 거짓인지 분별하기 어렵고, 우리가 가야 할 길이 어디인지 알 수가 없습니다.

어둠이 짙으면 아무리 눈을 부릅떠도 앞이 보이지 않습니다. 이처럼 어두운 시대에는 내가 눈을 크게 뜨는 것도 중요하지만 빛이 비처야 합니다. 빛이 있어야 눈을 뜨면 길이 보입니다. 하나님의 말씀은 어두운 인생을 비치는 등이요 빛입니다(시 119:105). 시편 1편의 핵심 구절인 2절은 복 있는 사람의 길, 형통으로 가는 매우 중요한 방법이 말씀을 묵상하는 일과 관련되어 있음을 알려 줍니다.

그런데 정확히 말해서 묵상은 방법론적인 것이 아닙니다. 묵상은 말씀을 통해 하나님과 교제를 나누는 것을 의미합니다. 하나님과 교제하기 위해 말씀 묵상이라는 수단을 사용하는 것입니다.

신앙의 핵심에는 하나님과의 교제가 있습니다. 하나님과의 교제는 일대일이고 인격적입니다. 하나님과의 교제보다 더 중요한 것은 없습니다. 우리는 하나님과의 교제 안에서 봉사해야 합니다. 하나님과 일대일 교제 없이 행해지는 봉사는 오래가지 못합니다.

우리의 삶에 변화가 일어나지 않는 이유는 하나님과의 교제가 없기 때문입니다. 신자의 능력은 하나님과의 관계에서 나옵니다. 하나님이 인간을 유일하게 하나님의 형상으로 지으신 이유는 하나님과 소통하고, 교제하며, 동역해 하나님의 일을 대행하게 하시기 위해서입니다. 어떤 일을 하는 것보다 더 중요한 일은 하나님과의 교제입니다.

인격적이신 하나님은 우리와 교제하기를 원하십니다. 하

나님은 친밀한 교제를 나누기 위해 우리를 지으셨습니다. 인간은 하나님의 형상대로 지으심을 받았기에 에덴동산에서는 하나님과 실제적인 대화 및 교제가 가능했습니다. 그러나 죄로 인해 하나님과의 소통 및 교제가 끊기는 불행이 찾아왔습니다. 이것이 바로 저주입니다. 이 끊어진 관계를 회복하기 위해 그리스도께서 오셨습니다.

하나님과의 관계가 깊어지기 위해서는 교제가 필요합니다. 그리스도로 말미암아 하나님과의 관계가 회복되었다는 이유를 들면서 가만히 있어서는 안 됩니다. 예수를 믿고 구원받았다고, 믿음으로 의롭다 하심을 받았다고 끝이 아닙니다. 신자는 의롭다 하심을 받은 새로운 신분에 걸맞게 하나님과 교제해야 합니다. 죄짓기 이전의 상태처럼 하나님과 교제를 나누어야 합니다. 교제를 통해 하나님이 누구신지 알아 가야 합니다. 하나님과의 교제가 풍성해지면 하나님과 더 친밀해지고, 변화가 일어나고, 신앙이 더 강해집니다. 그때 하나님을 더 잘 섬길 수 있고, 더 신뢰할 수 있습니다.

그러므로 말씀 묵상은 하나님과 교제하는 하나의 수단입니다. 말씀 묵상 자체가 목적이 아닙니다. 말씀 묵상을 통해 하나님과 교제하는 것입니다. 하나님과의 교제에서 우리 신앙의 모든 에너지가 나옵니다.

묵상의 목표,
하나님을 아는 것

신앙에서 중요한 것은 하나님과 교제하는 가운데 하나님이 누구신지 알아 가는 것입니다.

"하나님을 아는 것!"

이것은 우리 신앙의 큰 주제입니다. 우리는 하나님을 아는 만큼 하나님을 예배하고 섬길 수 있습니다. 하나님이 누구신지 모르는데 어떻게 하나님을 믿고 섬길 수 있겠습니까?

그런데 하나님을 아는 것은 쉬운 일이 아닙니다. 특별히 한국의 전통적인 문화에는 샤머니즘이 많습니다. 무속적 문화에 젖어 있다가 교회를 오니 자칫 하나님에 대한 개념이 무속적일 수 있습니다. 하나님이 누구신지 잘 모르고 무속적 신앙관을 가지고 산신령에게 빌듯 하나님께 기도할 수 있습니다. 사실 무속 종교에 심취했던 사람일수록 신앙생활에 열심입니다. 찬물을 떠 놓고 "비나이다. 비나이다!" 하고 빌듯 정성을 다해 하나님께 기도합니다. 하나님과 인격적인 교제를 하며 하나님과 대화하고 교통하고자 기도

하는 것이 아니라, 복을 얻어 내기 위한 수단으로 기도하는 것입니다.

솔로몬처럼 일천번제를 드리는 열심은 좋지만 "지성이면 감천"이라는 마음가짐으로 한다면 무속적 신앙이 될 수 있으므로 경계해야 합니다. '열심히 하면 된다'는 것은 사실 신앙과 전혀 거리가 멉니다. 이것은 하나님을 섬긴다고 하지만 사실 우상을 섬기는 것과 같습니다. 말씀을 통해 하나님과 교제해야 합니다. 말씀 속에 계시된 하나님이 누구신지 모른 채 교회를 다니기만 하면 믿음이 자라지 않습니다.

그렇다면 우리는 하나님을 어떻게 알 수 있을까요? 말씀을 통해서 하나님과 인격적 교제를 나누어야 하나님을 알 수 있습니다. 기독교의 핵심은 말씀에 있습니다. 교회활동을 활발히 하고 직분을 가졌어도 하나님과 인격적 소통을 하지 않고 자기 열심으로 신앙생활을 하는 사람은 오래가지 않아 신앙이 무기력해지고 딜레마에 빠져 중간에 멈추게 될 수밖에 없습니다.

하나님과 교제함으로써 하나님이 누구신지 알아 가면 하나님과 친밀해지고, 친밀함이 깊어질 때 하나님을 신뢰하게 됩니다. 그것이 바로 믿음입니다. 믿음은 하루아침에 생기지 않습니다. 말씀 묵상을 통해 하나님과 깊은 교제를 할 수 있습니다. 말씀으로 하나님과 교제를 나누다 보면 하나님이 내 인생 가운데 구체적으로 다가와 말씀하시고, 인도하시고, 동행해 주시는 분임이 느껴집니다. 하나님과 교제하지 않고 외적인 활동만 해서는 영이 자라지 않습니다.

이는 결혼생활과 비슷합니다. 결혼 후에 부부가 서로를 더 깊이 알아 가려는 노력이 필요합니다. 끊임없이 대화하며 친밀해지려고 노력하지 않으면 위험합니다. 참된 교제 없이 서로 의무적인 역할만 감당한다면 건강한 부부라 할 수 없습니다. 많은 부부가 세월이 흐르면서 갈등의 골이 깊어지거나 행복을 느끼지 못한 채 살아갑니다.

서로 교제하는 가운데 관계가 깊어지면 서로를 위해서 무엇인가를 더 해 주려고 합니다. 서로 더 깊이 알아 가면서 관계가 풍성해집니다. 친밀해지기만 하면 그다음에는 모든 것이 뒤따라옵니다. 서로에게 자발적으로 순종하려고 합니다. 순종은 관계의 결과인 것입니다.

반면 친밀한 교제가 없으면 어떻습니까? 관계가 깊어지지 않고, 괜히 오해가 생기고, 갈등이 빈번해집니다. 사랑의 교제가 없는 의무적 관계는 상거래와 비슷합니다. 의무적 관계 속에서 자신이 해야 할 일만 감당하다 보면 어느 날 '이 사람, 정말 나 사랑하는 거 맞아?' 하며 서로의 관계에 대해 의심하게 됩니다. 신뢰가 쌓이지 않은 관계는 어느 날 위기를 맞으면 무너지게 되어 있습니다.

하나님과 우리의 관계도 마찬가지입니다. 바리새인들은 율법 규정들은 잘 지켰지만 하나님을 알아 가려는 마음이 없었습니다. 종교적 열심을 다했지만 마음에도 없는 활동이나 의무적 수행이었을 뿐입니다. 껍데기는 화려한데 내용은 텅 비어 있었습니다. 입으로는 하나님을 섬긴다고 했지만 마음은 하나님에게서 멀었습니다.

오늘날에도 바리새인들처럼 신앙생활 하는 분들이 많습니다. 신앙생활을 하는데 계속 메말라 간다면 일만 있고 하나님과 교제하는 가운데 누리는 즐거움이 없는 것입니다. 하나님과 나누는 교제는 신자에게 주어진 최고의 특권이요, 최고의 축복이며, 최고의 즐거움입니다.

**말씀 묵상을
어떻게 해야 하나?**

하나님과의 교제는 말씀 묵상을 통해서 이루어집니다. 그렇다면 말씀 묵상을 어떻게 해야 할까요?

말씀 앞에 머물라

첫째, 말씀 묵상에서 중요한 것은 말씀과 함께 시간을 보내는 것입니다. 마리아가 주님의 발치에 앉아 말씀을 들었던 것처럼(눅 10:39), 우리 역시 말씀 앞에 머물러 있는 훈련을 해야 합니다. 하나님의 백성이라면 말씀 앞에서 많은 시간을 보내는 것이 마땅합니다. 말씀을 조용히, 천천히 읽으면서 시간을 보내야 합니다.

교제는 시간을 함께 보내는 것을 의미합니다. 우리가 말씀이 친숙하지 않은 이유는 말씀과 함께 시간을 보내지 않기 때문입니다. 말씀에 시간을 쓰기보다 다른 것을 묵상하는 시간이 압도적으로 많기 때문입니다. 묵상은 말씀을 잠잠히 기다리는 것입니다. 하나님을 기대하고 말씀 앞에 있으면 그분이 말씀을 통해 우리에게 주시는 음성을 들을 수 있습니다.

하나님을 사랑한다면 사랑하는 분이 하시는 말씀을 듣고 싶어 해야 마땅합니다. 성경은 우리를 사랑하시는 분의 마음이 절절히 담긴 연서와 같습니다. 연서를 읽을 때 슬쩍 보지 않습니다. 멈추어서 자세히 봅니다. 행간을 읽고자 하고, 단어 하나하나를 예사로 넘기지 않습니다. 편지지가 닳도록 들고 다니며 시간만 나면 읽고 또 읽습니다.

묵상을 하려면 멈춰야 합니다. 속도전의 세상을 살아가는 오늘날의 사람들은 말씀 앞에 멈춰야 하는 묵상을 힘들어합니다. 요즘은 사색이 없는 시대입니다. 과잉 활동의 시대요, 죽도록 일하고 잠시도 가만히 있지 못하는 시대입니다. 묵상이 점점 사라지고 있습니다. 시간만 나면 휴대폰을 들여다봅니다. 글보다 영상 문화가 우세한 시대로, 감각적이고 말초적이기에 사람들이 신경질적입니다. 아무리 내용이 좋고 질이 좋아도 느리면 버림받습니다. 지금 우리 사회에는 정신적 풍요가 없습니다. 묵상이 없는 것입니다. 물질은 풍요로운데 내면이 기근입니다.

성경을 펴서 본문을 규칙적으로 읽으면, 처음에는 내가 말씀을 읽는 것 같고 내가 주도하는 듯합니다. 그런데 조금 있으면 말씀이 나를 주도하는 신비로운 일이 일어납니다. 나의 지각으로 말씀을 묵상하다가 곧 말씀에 사로잡힌 자신을 발견하게 됩니다. 이것은 말씀 앞에서 시간을 보낼 때 주어지는 엄청난 힘입니다.

하나님과 대화하라

둘째, 말씀 묵상은 하나님과 대화하는 것입니다. 대화란 일방적이지 않고 쌍방 간에 이야기를 주고받는 것을 의미합니다. 하나님과 대화할 때 중요한 것은 하나님의 말씀에 귀를 기울이는 것입니다. '듣는 것'이 일차적인 일입니다.

일반적으로 대화를 잘하려면 상대의 말에 귀를 기울여야 합니다. 잘 듣지 않는 사람은 대화를 할 수가 없습니다. 자기가 하고 싶은 말만 하는 것은 대화가 아닙니다. 하나님과 대화할 때도 가장 우선적인 것은 하나님이 하시는 말씀을 들으려는 태도입니다. 아울러 그냥 듣는 것이 아니라 하나님의 말씀을 통해 들으려고 하는 것입니다. 그래서 말씀을 묵상할 때 성경을 펴 놓아야 합니다.

여기서 '듣는 것'은 경청을 의미합니다. 경청은 '듣는다'라는 단어보다 심화된 표현입니다. 내 존재를 실어, 내 마음을 다해 상대의 이야기에 귀를 기울이는 태도입니다. 말씀 묵상은 하나님의 말씀을 단순히 연구하거나 분석하는 것이 아니라 경청하는 것입니다.

경청할 때 매우 중요한 것은 침묵입니다. 현대인들은 말을 많이 합니다. 자신이 하고 싶은 소리를 쏟아 냅니다. 대화도 마찬가지입니다. 부부든, 친구든 대화를 하려면 경청해야 하는데, 경청하려면 내가 침묵해야 합니다. 침묵에는 큰 힘이 있습니다.

말씀 앞에서 하나님의 말씀을 기다리고 있다면 입을 닫

아야 합니다. 여기서 '입을 닫는다'라는 말은 내가 주장하고 싶은 소리를 내려놓는 것을 뜻합니다. 침묵하다 보면 하나님의 말씀으로부터 들려오는 소리를 발견하게 됩니다. 침묵이 경청을 돕는 것입니다.

그런데 말씀을 듣는 것으로 끝나서는 안 됩니다. 듣기만 하면 대화가 이루어질 수 없습니다. 우리는 말씀을 듣고 반응해야 합니다. 설교는 일방적이어서 질문이 없습니다. 그런데 말씀을 묵상하다 보면 저절로 질문이 생깁니다.

"하나님! 이 말씀이 무슨 뜻입니까? 저와 무슨 상관이 있습니까? 이 말씀이 오늘 제 생활과 무슨 연관이 있습니까?"

하나님의 말씀을 읽다 보면 하나님이 우리에게 물으시는 질문과 내 안에서 일어나는 질문이 속속 떠오릅니다. 우리는 그 질문들에 반응해야 합니다. 말씀과 대화해야 합니다. 그때 말씀 속에서 사랑의 하나님이 나를 어떻게 사랑하셨고, 얼마나 사랑하시며, 왜 사랑하시는지, 그리고 나에게 어떤 사랑을 주셨는지가 드러납니다.

하나님이 누구신지, 내가 누구인지, 내가 존재하는 이유는 무엇인지 말씀 앞에서 하나님께 질문하십시오. 그러면 하나님이 말씀을 통해 나에게 답을 해 주십니다. 질문하는 사람이 답을 얻습니다.

　매일 말씀을 묵상하는 사람이 어려운 문제를 만났다면 그에게는 어떤 일이 일어날까요? 인격적이신 하나님이 주어진 말씀을 통해 구체적인 답을 주십니다.

　말씀과 기도는 함께 다닙니다. 결코 분리되어 있지 않습니다. 기도는 자기가 하고 싶은 말을 늘어놓는 것이 아닙니다. 하나님의 말씀을 먼저 받고, 그 말씀을 가지고 반응하는 것이 진짜 기도입니다. 그러므로 질문을 했다면 기다리십시오. 기다리다 보면 하나님이 말씀하십니다. 그 말씀을 받아 기도로 반응하십시오.

성령의 도우심을 구하라

　셋째, 말씀 묵상을 위해서는 성령의 도우심이 필요합니다. 하나님의 말씀은 인간의 이성만으로는 이해할 수 없습니다. 성경은 성령의 감동으로 기록된 책이기 때문에 성령의 도우심이 있어야만 깨달을 수 있습니다. 그러므로 우리는 말씀 앞에서 겸손해야 합니다. 아무리 탁월한 지성을 갖추었다 할지라도 성경을 전혀 이해하지 못할 수 있습니다. 때로는 우리의 이성이 성경을 묵상하는 데 방해가 되기도 합니다. 세상의 지혜로 말씀을 묵상하려고 해서는 안 됩니다.

한편 이성을 너무 무시해 버리는 경우도 있습니다. 그들은 이성 자체를 인정하지 않고 성경도 외면한 채 촛불을 켜놓고 눈 감고 "주여, 한 말씀 해 주시옵소서!" 합니다. 그것은 신비주의로 가는 길입니다. 우리는 이성을 사용해야 합니다. 그런데 이성에만 의존해서는 안 됩니다. 이성을 너무 강화하면 자유주의로 향하고, 이성을 무시하고 초자연적 경험을 추구하면 신비주의로 향하는 등 양극단으로 치우치는 상황이 발생할 수 있습니다. 이는 아주 위험합니다.

그러므로 성경을 펴 놓고 눈을 감는 것이 아니라, 말씀에 눈이 향하도록 해야 합니다. 그리고 마음으로 성령의 은혜를 구해야 합니다. 성령은 우리가 진리를 깨닫도록 우리 곁에서 항상 대기하고 계시는 개인 과외 교사와 같습니다. 위대한 교사이신 성령께서 우리의 눈을 열어 주실 것입니다.

> 우리가 이것을 말하거니와 사람의 지혜가 가르친 말로 아니하고 오직 성령께서 가르치신 것으로 하니 영적인 일은 영적인 것으로 분별하느니라 고전 2:13

> 그러나 진리의 성령이 오시면 그가 너희를 모든 진리 가운데로 인도하시리니 그가 스스로 말하지 않고 오직 들은

것을 말하며 장래 일을 너희에게 알리시리라 요 16:13

성령은 우리를 진리로 인도하기 위해 우리 가운데 거하시는 분입니다. 성령께서 우리를 진리 가운데로 인도하시기에, 우리가 주도적으로 말씀 묵상을 하는 것이 아닙니다. 성령께서 말씀을 통해 우리 안에 들려주시는 내적인 음성을 경험하는 것이 바로 하나님과의 교제입니다. 하나님의 음성이 들리고, 그 음성에 반응하고, 기도하는 시간을 보내는 것 자체가 하나님과의 교제요, 인격적이신 하나님과 만나는 것입니다.

항상 성령의 도우심을 구하는 기도를 하고, 성경을 펴십시오. 하나님이 눈을 열어 주셔야 진리를 알 수 있습니다. 우리의 우둔함으로 진리를 깨달을 수 없다는 사실을 인정하십시오. 그때 성령께서 우리의 영혼에 진리의 빛을 비추어 우둔함에서 벗어나게 해 주십니다.

묵상의 절정은
순종

우리가 묵상하는 이유는 성경을 더 많이 알기 위해서가

아닙니다. 하나님께 순종하기 위해서입니다. 하나님은 묵상을 통해 우리가 어떻게 살아야 할 것인지를 가르쳐 주십니다. 그때 우리가 할 일은 말씀을 순종하기로 결단하는 것입니다. 따라서 묵상의 절정은 순종입니다.

우리의 삶에 변화가 일어나지 않는 이유는 무엇일까요? 말씀을 읽고, 연구도 하고, 알기도 하는데 그 말씀을 삶에 적용하지 않기 때문입니다. 설교를 듣는다고 삶이 변화되지 않습니다. 말씀을 듣고 '그러면 내가 어떻게 할 것인가?'에 대한 구체적인 적용이 필요합니다. 묵상의 중요한 열매는 적용에 있습니다.

삶의 변화는 한꺼번에 일어나지 않고 서서히 찾아옵니다. 말씀 묵상을 통해 하나님과 교제하다 보면 조금씩, 자연스럽게 말씀의 인도를 받으며 변화가 일어나는 것입니다.

적용의 한 가지 예를 들어 보겠습니다. 하나님은 아브라함에게 "너는 너의 고향과 친척과 아버지의 집을 떠나 내가 네게 보여 줄 땅으로 가라"(창 12:1)고 말씀하셨습니다. 이 본문을 묵상할 때 '하나님이 나도 집을 떠나라고 하시는 것인가?', '이사를 하라는 것인가?' 하고 무조건 단순하게 받아들여선 안 됩니다. 개인의 삶과 상황에 따라서 하나님이 성령을 통해 깨닫게 해 주시는 의미가 다를 수 있습니다.

"네가 지금 가지고 있는 기득권에서 벗어나 새로운 삶을 시작하라."

"쓸데없는 것을 놓아 버리지 못하고 연연하고 있다면 이 제 그것과 단절하라."

"잃어버렸던 소명을 되찾으라."

놀랍게도 하나님의 말씀은 수천 년 전에 기록되었음에도 불구하고 오늘 말씀을 대하는 우리에게 살아 있는 하나님의 음성으로 들립니다. 이 말씀은 우리의 인생을 구체적으로 이끌어 줍니다. 얼마나 놀라운 축복입니까! 그러므로 말씀 묵상을 통한 하나님과의 교제가 삶의 습관이 되면 우리의 인생은 형통해지고 복된 삶을 살 수밖에 없습니다.

묵상하는 사람이
하나님께 붙잡힌 인생이다

영적 습관이 중요합니다. 거룩한 습관이 거룩한 삶을 살게 합니다. 매일 짧은 시간이라도 하나님과 독대하며 교제하는 시간을 가지십시오. 아침 시간이 좋습니다. 분주한 일상과 잠시 거리를 두어야 합니다. 하나님과 교제하는 시간을 정해 놓으십시오. 그 시간을 우선순위에 두십시오. 우리는 묵상을 훈련해야 합니다. 좋은 습관은 지속적인 훈련을 통해 조금씩 자리를 잡아 갑니다.

성경은 특정한 사람들의 전유물이 아니요, 모든 사람에게 주어졌습니다. 오늘날 우리 모두가 성경을 들고 있다는 것은 놀라운 일입니다. 우리는 성경의 난해한 내용을 알기 위해 신학을 공부한 교역자들이나 신학 관련 서적의 도움을 받기도 합니다. 이렇게 우리는 말씀을 통해 인생의 방향을 찾을 수 있습니다.

오늘날은 치열한 세상입니다. 사람들마다 눈치가 늘어나고, 조금도 뒤지지 않기 위해 애를 쓰고 있습니다. 더 빨리 더 많은 정보를 얻고자 노력합니다. 그러나 정보가 우리의 인생을 결정하는 것이 아닙니다. 말씀 앞에서 시간을 보내면 인생이 뒤처질 것이라고 생각합니까? 성경이 마치 구닥다리 케케묵은 책이라고 여겨집니까?

그렇지 않습니다. 오히려 정반대입니다. 최첨단의 지혜와 지식과 정보와 인생의 모든 길이 성경에 있습니다. 하나님의 말씀은 단순한 지식, 기술, 정보가 아닙니다. 그 모든 것을 총괄적으로 다루는 지혜입니다. 하나님의 말씀에 온갖 지혜를 비롯해 능력과 생명력이 담겨 있습니다. 말씀에는 우리의 영혼을 소생시키는 힘이 있습니다. 하나님의 말씀을 붙들고 살면 시대에 앞선 인생을 살 수 있습니다. 하나님의 말씀에 귀를 기울이고 살아가는 자를 당할 사람은 아무도 없습니다.

우리는 다른 곳에서 행복을 찾지 않아야 합니다. 행복의 비밀은 말씀 안에 있습니다. 말씀을 떠난 복은 없습니다.

그의 율법을 주야로 묵상하는도다 시 1:2

주야(晝夜)로 말씀을 묵상한다는 말은 "이 율법 책을 네 입에서 떠나지 말게"(수 1:8) 한다는 것입니다. 다시 말해, 매일 규칙적이고 지속적으로 하나님의 말씀에 자신을 담금질하는 것을 말합니다. 성경을 한 번 읽는다고, 설교를 한 편 든는다고 인생이 갑자기 뒤집어지는 것이 아닙니다. 묵상은 우리의 삶과 분리될 수 없습니다. 말씀을 붙들고, 말씀 앞에 우리의 마음을 활짝 열고, 말씀에 귀를 기울이고, 말씀을 따라 살면 반드시 하나님이 우리의 인생을 형통의 길로 이끌어 주실 것입니다.

성경이 말하는 형통은 잘 먹고, 잘살고, 모든 일이 잘되는 것을 의미하지 않습니다. 형통인지 아닌지는 결과를 봐야 알 수 있습니다. '하나님의 뜻이 이루어지는 것'이 바로 하나님이 우리에게 주시는 형통입니다. 만약 우리 인생 가운데 하나님의 뜻이 이루어지지 않는다면 세상의 형통은 아무것도 아닙니다. 우리 삶을 통해 하나님의 뜻이 이루어지는 것이 바로 승리요, 축복이요, 형통입니다.

창세기에서 요셉은 고난 속에 있었고, 자기 생각대로 상황과 형편이 돌아가지 않아 매우 힘들었습니다. 하지만 그를 통해 하나님의 뜻이 이루어지고 있었습니다.

요셉의 성공이 핵심이 아닙니다. "고난을 통과했더니 출세해 총리가 되었다"가 끝이라면 세상의 성공주의와 다를 바 없습니다. 하나님은 야곱과 70인을 고센 땅으로 불러오고, 그 기름진 땅에서 히브리 민족을 태동시키고, 보호하며 일으켜서 하나님의 선민으로서 구속의 도구로 쓰시기 위해 요셉을 미리 보내신 것입니다. 요셉은 고난과 우여곡절이 있었고 형들의 미움과 핍박을 받았습니다. 그것이 인생의 불통인 줄 알았는데, 하나님은 당신의 뜻을 이루는 일에 요셉을 사용하신 것입니다. 요셉의 삶이 바로 성경이 말하는 형통입니다.

하나님은 말씀을 통해 하나님과 지속적인 교제를 주야로 가지는 사람을 승리하게 하시고, 그의 인생을 누구도 막을 자가 없는 기가 막힌 삶으로 인도해 주십니다. 우리의 삶이 하나님의 뜻에 붙잡힌 인생이 되려면 끊임없이 말씀과 함께하고, 말씀에 사로잡히고, 말씀의 인도를 받아야 합니다. 이러한 자가 가장 복이 있습니다.

4장

: 주야로 묵상하는 자

1 하나님과 친밀해지기 위해서는 하나님과의 교제가 필수입니다. 교제를 통해 하나님이 누구신지 알아가야 합니다. 말씀 묵상을 통해 내가 만난 하나님은 어떤 분이신지 나눠 보십시오(예를 들면, 가까이 오시는 하나님, 사랑한다 말씀하시는 하나님, 죄를 미워하시는 하나님, 나를 교정하시는 하나님 등).

2 주일성수도 하고, 말씀 묵상과 기도생활도 하지만 하나님이 멀리 느껴지진 않습니까? 신앙생활을 하는데도 계속 메말라 간다면 그 이유가 무엇인지 이야기를 나눠 보십시오.

3 우리가 묵상을 하는 이유는 성경을 더 많이 알기 위해서가 아니라 하나님께 순종하기 위해서입니다. 순종하기 힘들었지만 하나님의 뜻에 순종한 적이 있다면 나눠 보십시오.

5장

묵
상
과 치
유

인생이
우울할 때

요즘 우울증, 공황장애, 경계선 성격장애 등의 질환을 앓고 있는 사람들이 늘어나고 있습니다. 풍요의 시대에 오히려 많은 사람이 결핍과 불만 속에 살고 있습니다. 불안한 감정이 우리 사회를 뒤덮고 있습니다.

특별히 한국 사회는 지난 30년 동안 급속한 경제 성장으로 성과주의와 경쟁이 만연해 있습니다. 생산과 소비의 바퀴가 끊임없이 맞물려 돌아가면서 더 많이 소비하기 위해 더 많이 벌고 더 많이 일해야 하는 우리에게 피로감이 찾아왔습니다. 사람들은 그런 생활에 저항하지 못하고 갈수록 소진되어 가고 있습니다.

또한 우리는 일평생을 살아가면서 많은 상처를 받습니다. 상처는 우리에게 고통을 안겨 줍니다. 가까운 사람에게 받은 상처는 깊은 생채기를 남깁니다. 오늘날의 경쟁 사회에서는 진정한 친구를 만나기가 힘듭니다. 끊임없이 서로를 비교하고, 경쟁하고, 질투합니다. 친구들끼리 서로 바라보고 웃지만 이 관계에도 경쟁과 대립의 구도가 있어서 언제, 어떻게 깨어질지 알 수 없습니다. 고난받는 욥은 가까운 친구들에게서 큰 상처를 받았습니다. 한편 우리는 자연재해, 전쟁, 테러, 각종 사건과 사고들로 인해 상처를 입고 고통당하기도 합니다.

그런데 생각해 보면 이러한 외부적 상황보다는 내부적 상황 때문에 고통스러울 때가 더 많은 것 같습니다. 내가 나 자신에게 상처를 주는 것입니다. 우리는 인생이 고통스러운 원인을 자세히 들여다볼 필요가 있습니다.

> 복 있는 사람은 악인들의 꾀를 따르지 아니하며 죄인들의 길
> 에 서지 아니하며 오만한 자들의 자리에 앉지 아니하고 시 1:1

현실에서 우리는 악인들의 꾀를 따르고, 죄인들의 길에 서고, 오만한 자들의 자리에 앉을 때가 많습니다. 우리는 죄성을 갖고 있기에 많은 죄의 덫에 쉽게 걸려듭니다. 죄의 유혹이 얼마나 달콤합니까? 우리는 얼마나 자주 죄를 범합니까? 그리고 얼마나 쉽게 죄짓는 일에 가담합니까?

한번 죄의 길에 이끌리면 내가 바라던 삶과 거리가 멀어집니다. 처음 죄를 지을 때는 내가 주인이고 왕이 된 것 같습니다. 하지만 죄를 지을수록 나라는 존재가 점점 작아집니다. 내가 죄를 짓지만 나중에는 죄가 내 인생을 끌고 가는 것입니다. 그때는 내가 나를 통제할 수 없는 지경에 빠지고 맙니다.

삶에 상처들이 누적되고 깊어지면 어두움에 매몰되고, 곧 우울증과 같은 신경성 질환으로 발전하기 쉽습니다. 구약성경에서 사울왕은 왕으로서의 직무를 감당할 수 없을 만큼 심한 우울증을 겪었습니다. 일찍이 기원전 4세기경 히포크라테스는 '멜랑꼴리아'(melancholia, 우울증)라는 단어를 사용해 우울병적인 상태를 언급한 바 있습니다. 오늘날 우울증은 우리 사회의 핫이슈입니다. 우울증으로 인한 사망률이 점점 증가하고 있습니다.

우울증은 정신 활동이 정지된 상태입니다. 다시 말해, 정신적 에너지가 소진된 것입니다. 심리적으로 희망이 상실되고 삶의 의미를 전혀 찾지 못하는 상태입니다. 그래서 우울증에 시달리는 사람은 "죽고 싶다"는 표현을 자주 합니다. 그러면서 또다시 절망감과 허무감을 맞게 되고, 자신의 삶이 비참하게 느껴지고, 불행한 감정에 억눌리게 됩니다. 그러다가 마침내는 살 가치가 없다고 생각하게 됩니다.

우울증에 걸리면 감정 조절이 안 됩니다. 스스로 자신의 삶을 통제할 수 없고, 어디로 튈지 알 수 없는 불안한 상태가 됩니다. 그래서 그들을 지켜보는 주변 사람들도 매우 고통스럽습니다.

마른 잎사귀
삶

앞에서 '시냇가에 심은 나무' 같은 인생과 '바람에 나는 겨' 인생을 이야기했습니다. 시냇가에 심은 나무는 잎사귀가 마르지 아니하고, 철을 따라 열매를 맺으며, 하는 일이 다 형통합니다. 반면에 바람에 나는 겨에 비유되는 시냇가에 심기지 않은 나무는 생존 여부 자체가 미지수입니다. 당연히 열매를 맺지 못하고 잎사귀는 말라 있습니다.

여기서 잎사귀가 마른다는 것은 점점 소진되어 가고 있다는 의미입니다. 잎사귀와 함께 나무도 말라 가고 있으며, 언젠가 죽어 버리고 말 것입니다. 진액이 점점 빠져나가고 있는 상태이기에 이 나무에게서는 생기나 활력을 느낄 수 없습니다. 오늘날 많은 사람이 이러한 삶을 살아가고 있습니다. 예레미야 선지자는 이렇게 말했습니다.

> 그는 사막의 떨기나무 같아서 좋은 일이 오는 것을 보지 못하고 광야 간조한 곳, 건건한 땅, 사람이 살지 않는 땅에 살리라 렘 17:6

정신과 육체는 연결되어 있습니다. 마음이 병들면 육체도 병들게 되어 있습니다. 영적인 병에 걸리면 정신적인 문제가 생기기 마련입니다. 정신과 육체가 깨어진 상태의 삶은 결코 건강하거나 행복하지 않습니다.

시편을 읽다 보면, 시인들의 슬픔과 탄식, 분노와 절망을 많이 접하게 됩니다. 때로 그들은 자기 삶의 상처를 분노로 표현하기도 하고, 극도의 불안으로 나타내기도 했습니다. 그들만 아니라 우리 역시 전쟁과 같은 삶을 살고 있습니다. 이 세상은 매우 소모적이고 파괴적입니다. 사람들은 바쁘게 살아가지만 많이 지쳐 있습니다. 많은 사람이 스트레스, 피로감, 무기력감, 절망감을 호소합니다.

원인은 간단합니다. 결국은 인간의 죄성입니다. 인간의 죄성은 욕망의 지배를 쉽게 받습니다. 시편 1편은 복 있는 사람이 누구인가에 대해서 알려 줍니다. 그런데 우리는 탐욕 때문에 '복'을 잘못 해석해 그릇된 복을 끊임없이 갈구합니다. 우리 안에 있는 욕심을 처리하지 않으면 악인들의 꾀를 따르고, 죄인들의 길에 서며, 오만한 자들의 자리에 앉게 될 수밖에 없습니다.

사실 우리는 가진 것이 없어서 불행한 것이 아니라, 욕망이 너무 커서 불행한 것입니다. 다른 사람이 나를 괴롭히는 것이 아니라 내가 나를 닦달합니다. 욕망은 우리를 잠시도 쉬지 못하게 합니다. 아무리 가져도 만족하지 못하게 합니다. 이 정도면 만족할 만한데 여전히 욕심을 부리게 합니다. 시냇가가 아닌 척박한 사막에서 겨우 버티는 나무들과 같습니다. 버티고 있긴 하지만 미래가 불투명한 나무들입니다.

오늘날 세상이 그렇습니다. 외부 공격을 이겨 내지 못해 소진되고 망가지는 사람들이 많습니다. 외부의 공격이란 어떤 것입니까? 끊임없이 "더 가져라", "물질이 최고다" 하며 우리로 하여금 물질 중심적인 세상을 추구하도록 부추기는 메시지들입니다. 세상의 가치관과 사고방식은 믿음생활을 하는 우리를 향해 이 세상을 똑같이 따라가고, 소진되고, 망가지는 인생을 살아가도록 끊임없이 닦달하며 몰아갑니다. 그리고 결국은 땀을 흘리고 애썼지만 초라한 결과에 허무가 밀려오게 만듭니다. 성과주의에 매달려 죽도록 일했는데 손에 쥔 것이 너무 초라해서 우울해집니다.

어니스트 헤밍웨이의 《노인과 바다》에서 노인은 천신만고 끝에 큰 고기를 잡아 배에 싣고 항구로 돌아왔습니다. 하지만 상어 떼에게 다 뜯기고 남은 것이라고는 앙상하게 남은 뼈뿐이었습니다. 이것이 바로 우리 인생의 모습이요, 헤밍웨이 자신의 이야기입니다. 헤밍웨이는 부요한 집안에서 태어나 부와 명예를 누렸지만 어느 봄날 자기 집에서 산탄총을 입에 겨누고 스스로 죽고 말았습니다. 인생의 허무함을 이기지 못했던 것입니다.

묵상할 때

치유가 시작된다

마른 잎사귀는 상처 입은 영혼의 모습입니다. 마른 잎사귀는 뿌리가 깊지 않은 나무의 외적인 표현입니다. 매일 지친 삶을 살아가는 사람들의 얼굴에는 웃음기가 없습니다. 상처 입은 영혼의 얼굴은 화장으로 가려져 있기에 늘 화려하지만 핏기가 없습니다. 우리는 모두 치유가 필요합니다. 그러면 우리는 어떻게 해야 할까요?

> 오직 여호와의 율법을 즐거워하여 그의 율법을 주야로 묵상하는도다 시 1:2

말씀 묵상이 해결책입니다. 오직 여호와의 율법을 즐거워하여 그의 율법을 주야로 묵상하는 삶을 살아야 합니다. 그때 다음과 같은 보상이 주어집니다.

> 그는 시냇가에 심은 나무가 철을 따라 열매를 맺으며 그 잎사귀가 마르지 아니함 같으니 그가 하는 모든 일이 다 형통하리로다 시 1:3

아름다운 치유와 회복의 말씀입니다. 예레미야서에도 비슷한 표현이 나옵니다.

그는 물가에 심어진 나무가 그 뿌리를 강변에 뻗치고 더
위가 올지라도 두려워하지 아니하며 그 잎이 청청하며 가
무는 해에도 걱정이 없고 결실이 그치지 아니함 같으리라

렘 17:8

말씀 묵상이 우리에게 미치는 위력은 엄청납니다. 묵상
의 삶은 우리 삶의 외부적 압력은 물론, 내면에서 일어나는
끊임없는 탐심과 죄의 유혹에서도 우리의 영혼을 지켜 줍
니다.

말씀을 주야로 묵상하는 사람은 시냇가에 심은 나무와
같습니다. 시냇가에 심은 나무는 뿌리가 물가에 심겨 있기
에 철을 따라 열매를 맺으며 잎사귀가 마르지 않습니다. 핵
심은 '뿌리가 물가에 깊이 놓여 있는 상태', 즉 '말씀을 주
야로 묵상하는 것'입니다.

하나님의 말씀을 꾸준히 묵상하다 보면 말씀이 우리의
영혼을 사로잡아 회복시킵니다. 의사에게 처방받은 약은
규칙적으로 복용해야만 효력을 발휘합니다. 중증환자인 경
우에는 오랫동안 약을 복용하는 가운데 치유가 일어납니
다. 운동도 비슷합니다. 한두 번 땀을 흘렸다고 몸이 금방
건강해지는 것이 아니라 매일 규칙적이고 지속적으로 운동

을 해야만 효과를 볼 수 있습니다. 죄성에 찌들어 살던 우리의 영혼 역시 한순간에 변화를 일으키지 않습니다. 마음에 쌓인 상처와 많은 문제가 부흥회에 한두 번 참석한다고 해결되지 않습니다.

언젠가 우울증을 깊이 앓던 여성이 주일에 말씀을 통해 치유 받은 모습을 보았습니다. 술과 담배에 찌들고 삶을 포기할 뻔했던 분이었습니다. 그런데 교회에 나온 첫날, 단 한 번의 예배를 드리고는 놀라운 변화가 일어났습니다. 그러나 완전히 치유된 것은 아니었습니다. 오랫동안 그녀를 지배하고 있던 어두움에서 완전히 벗어나기 위해서는 많은 시간이 필요했습니다. 계속해서 말씀을 듣고 은혜를 받는 가운데 그분의 얼굴이 밝아지고 삶이 달라지는 모습을 지켜보았습니다. 이처럼 치유는 서서히 일어납니다.

우리는 수시로 영적인 공격을 받습니다. 매일 영적 전쟁을 치릅니다. 우리는 여전히 죄인이며, 유혹에 약합니다. 언제든지 실패해 상처가 생길 수 있습니다. 그러나 매일 묵상을 통해 하나님을 만난다면 우리의 영혼이 회복될 것입니다. 하나님의 말씀이 소진된 우리의 영혼에 힘을 불어넣어 주기 때문입니다.

말씀을 묵상하면서 주님과 계속 교제를 나누다 보면 어

두웠던 감정이 기쁨으로 회복됩니다. 말씀에 집중할수록 우리 안에 도사리고 있는 추하고 악한 생각이 사라지고, 우리를 옭아매고 있던 족쇄들이 풀려 나가면서 영혼에 빛이 비칩니다. 하나님의 말씀이 우리의 감정을 지배하기 시작합니다. 치유가 시작됩니다.

묵상은
풍성한 삶의 길잡이다

묵상을 통해 우리의 병든 영혼이 치유될 때 우리 안에 하나님이 예비하신 풍성한 삶이 시작됩니다. 다윗은 시편 23편에서 이렇게 고백했습니다.

> 내 영혼을 소생시키시고 자기 이름을 위하여 의의 길로 인도하시는도다 시 23:3

묵상을 계속 하다 보면 우리의 삶이 소생되고 마침내 풍성한 삶으로 인도됩니다. "철을 따라 열매를 맺"(시 1:3)는 삶이 되는 것입니다.

10대에 하나님의 은혜를 받은 아이들은 놀라울 정도로

지혜롭고, 명철하며, 사려 깊습니다. 그들은 학교에서 기도 그룹을 만들고 친구들을 전도합니다. 그리고 20대가 되면 20대대로, 30대가 되면 30대대로 철을 따라 열매를 맺으며 살아갑니다. 이처럼 하나님은 우리가 인생의 어느 순간이 아니라 인생 전체에 걸쳐 풍성한 삶을 살기 원하십니다. 하나님은 우리를 그저 현실을 버텨 내는 정도로 인도하시는 분이 아니라 풍성한 삶으로 이끌어 주십니다.

> 여호와는 나의 목자시니 내게 부족함이 없으리로다
>
> 시 23:1

> 도둑이 오는 것은 도둑질하고 죽이고 멸망시키려는 것뿐이요 내가 온 것은 양으로 생명을 얻게 하고 더 풍성히 얻게 하려는 것이라 요 10:10

말씀 묵상이 습관으로 자리 잡으면 마음에 변화가 일어 납니다. 하나님의 말씀이 우리의 생각에 스며들면서 사고 방식을 바꾸어 놓습니다. 말씀으로 인해 존재의 풍성함을 느끼게 되는 것입니다. 소유가 우리의 존재를 풍성하게 하는 것이 아닙니다. 우리 영혼의 만족은 오직 하나님의 말씀으로만 가능합니다.

우리 시대에 왜 불행한 사람들이 많습니까? 왜 모두 더 가지려고 야단입니까? 왜 쉬지 못합니까? 왜 모두 스스로를 닦달할까요? 우리가 불안한 근본적인 이유는 말씀의 부족, 진리의 부재 때문입니다. 물질이 부족해서가 아닙니다. 하나님의 말씀이 부재하면 모든 것의 결핍으로 이어집니다.

예수님은 40일 동안 금식해 굶주리셨을 때도 "네가 만일 하나님의 아들이어든 명하여 이 돌들로 떡덩이가 되게 하라"(마 4:3)는 마귀의 유혹에 무너지지 않으셨습니다. 배고픔으로 육체적 생명이 촌각을 다투는 절정의 순간에도 예수님의 입에서는 떡이 아니라 말씀이 나왔습니다.

> 사람이 떡으로만 살 것이 아니요 하나님의 입으로부터 나오는 모든 말씀으로 살 것이라 하였느니라 마 4:4

때로 사람들은 결핍을 잘못된 방법으로 채우려고 합니다. 그러다가 사고를 치고 고통을 겪습니다. 진리의 부재가 결국 악인들의 꾀를 따르고, 죄인들의 길에 서며, 오만한 자들의 자리에 앉는 삶을 살게 만드는 것입니다. 그럴수록 삶은 더 궁색해질 수밖에 없습니다. 구멍 난 항아리에 물을 가득 채우려고 몸부림을 치다가 소진되어 버리고 마는 것입니다. 죄는 우리의 삶에 풍요를 주는 것이 아니라 풍요를 빼앗아 갑니다. 갈수록 삶을 쪼그라들게 만듭니다.

예수님은 "너희가 내 안에 거하고 내 말이 너희 안에 거하면 무엇이든지 원하는 대로 구하라 그리하면 이루리라"(요 15:7)라고 말씀하셨습니다. 풍성한 삶으로 향하는 길은 말씀과 함께하는 삶입니다.

매일 말씀을 묵상해 말씀으로 풍성해지면 우리의 영혼이 단단해지고 힘이 생깁니다. 영혼에 힘이 생기면 삶의 외부적 요인, 외부적 압박, 외부의 유혹을 거뜬히 이겨 낼 수 있습니다. 그때 우리의 삶에서 어둠이 사라지고, 염려가 떠나가고, 자유와 평안이 찾아오고, 풍성함이 이루어집니다. 다시 말해, 묵상의 삶을 지속적으로 살아가면 우리의 영혼이 밝아집니다. 말씀으로 부요해지면 내 영혼과 삶이 부요해지고, 어떤 것으로부터도 영향을 받지 않고 안정된 삶을 살아갈 수 있습니다. 묵상을 할수록 죄에서 멀어지고 유혹을 이기는 능력이 생기기 때문입니다.

묵상은
자유하게 한다

묵상을 통해 얻게 되는 또 다른 축복은 우리에게 진정한 자유를 준다는 것입니다. 묵상이 없는 인생은 바람에 나는 겨와 같이 요동치고 휘둘리는 삶을 살아갑니다.

우리가 왜 누군가의 한마디에 삶이 휘청거립니까? 왜 다른 사람들과 비교, 경쟁하며 매일 흔들립니까? 왜 악인들의 꾀를 따르고, 죄인들의 길에 서고, 오만한 자들의 자리에 앉습니까? 매일 하나님의 말씀을 묵상하지 않으면 죄의 힘에 끌려다닐 수밖에 없습니다.

그러므로 우리는 말씀 묵상을 통해 계속해서 죄의 습성, 죄의 유혹, 죄의 생각이라는 족쇄를 끊어 버리는 작업을 해야 합니다. 그 족쇄는 사회 구조상, 혹은 타의에 의해서 주어지기도 하지만, 내면을 들여다보면 죄 된 습관에서 벗어나지 못하는 나의 욕망의 산물이기도 합니다. 매일 말씀을 묵상하다 보면 이와 같은 영혼의 온갖 더러운 찌꺼기들을 정화하는 능력이 주어집니다.

진리를 알지니 진리가 너희를 자유롭게 하리라 요 8:32

우리는 스스로를 자유롭게 할 수 없습니다. 말씀이 우리를 자유롭게 합니다. 하나님의 진리의 힘이 나를 자유롭게 하는 것이지, 내가 아무리 자유롭게 살고 싶어도 자유로워지지 않습니다. 묵상을 계속 해 보십시오. 말씀이 나를 사로잡고 이끄는 경험을 하게 될 것입니다. 만약 누군가의 말이 자꾸 신경 쓰인다면 아직 자유인이 아닙니다. 늘 비교하며 다른 사람을 따라간다면 여전히 노예적 삶을 살고 있는 것입니다.

우리는 주변의 영향을 너무 잘 받습니다. 늘 주변을 두리번거리며 살아갑니다. 어떤 사람은 자신의 경제 규모에 비해 지출이 과다해 늘 빚을 지고 삽니다. 수입이 그렇게 적은 편도 아닌데 늘 돈 때문에 허덕입니다. 삶의 기준이 주변 사람에 있기 때문입니다. 늘 비교하고 경쟁하는 삶은 우리를 지치게 만듭니다.

성경이 말하는 형통한 삶이란 돈을 잘 벌고 출세의 길이 열리는 것을 의미하지 않습니다. 하지만 묵상의 삶을 사는 사람에게는 지혜의 문이 열립니다. 선악을 분별하는 기준이 분명해 미련한 자의 삶을 살지 않게 됩니다. 가야 할 길과 가지 말아야 할 길이 확실해집니다. 통찰력이 생기고 삶에 총명이 넘칩니다. 그러니까 자연스럽게 형통이 찾아옵니다.

무엇보다도 묵상의 삶을 살면 하나님의 말씀이 삶의 기준이 됩니다. 기준이 확실하기에 악인들의 꾀를 따르거나 죄인들의 길에 서지 않아 자유인의 삶을 살아갈 수 있습니다. 사람들의 눈치를 보거나 세상의 흐름에 민감하지 않습니다. 잠깐의 이익을 챙기기보다는 당장은 손해를 볼지라도 다른 사람들을 배려하고 진실되고 정직하게 살아갑니다. 그러다 보면 어느 순간 하나님이 놀라운 기회를 허락해 주십니다.

인간적인 꾀는 바로 앞만 바라보고 당장의 이익만 찾으려고 하지만 길게 보면 망하는 길로 향할 뿐입니다. 결국은 말씀을 가진 자, 말씀을 붙든 자가 이기게 되어 있습니다. 묵상을 통해 영혼을 묶고 있는 족쇄들을 풀어내 자유를 누리십시오. 묵상을 통해 더욱 풍성해지고 진정한 자유를 누리십시오.

묵상은 삶을
안정되게 한다

묵상을 통해 우리에게 주어지는 놀라운 축복은 안정감입니다. 하나님의 말씀을 꾸준히 묵상하며 신앙생활을 하는 사람들의 삶에는 안정감이 있습니다.

요즘 세상이 얼마나 요동칩니까? 이 세상의 특징을 한마디로 표현하면 '요동침'일 것입니다. 이것이 사람들이 불안해하는 이유이기도 합니다. 세상 사람들은 불안한 마음을 잘못된 방식으로 해결하려고 합니다. 자기의 힘으로 불안을 해결하고 안정감을 가지려고 악수(惡手)를 둡니다.

한편 묵상의 삶을 살아가는 사람들은 하나님의 말씀에 뿌리를 깊이 내렸기에 폭풍이 몰아닥쳐도 흔들리지 않습니다. 말씀에 뿌리가 놓여 있는 사람은 다른 사람들이 다 죽는다고 야단법석을 떨 때 그 요란한 소리에 귀를 갖다 대는 것이 아니라 잠잠합니다. 하나님의 말씀에 붙들려 있기 때문에 흔들리지 않습니다.

누가 무슨 소리를 해도 흔들리지 않아야 자유로운 삶을 살 수 있습니다. 자유를 누려야 복된 삶이라고 할 수 있습니다. 말씀을 따라 살면서 주변 사람들에게 휘둘리지 않고, 세상의 문화와 가치에 흔들리지 않는 안정된 삶을 살아가는 것이 바로 형통의 삶입니다. 결국 하나님은 그러한 삶을 살아가는 사람의 손을 들어 주십니다. 누가 지도자가 될 수 있습니까? 말씀 안에서 요동하지 않는 사람입니다. 묵상하는 사람은 견고한 심지를 가졌기에 다른 사람을 섬기는 지도

자가 될 수 있습니다.

조금만 시간을 내어 말씀 묵상을 습관화하십시오. 그로 인해 얻게 되는 축복은 말로 다할 수 없을 정도입니다. 우리가 들인 적은 시간과는 비교할 수 없는 풍성한 삶을 누리게 될 것입니다.

우리를 정신없게 만드는 세상에서 빠져나오십시오. 말씀과 멀어질수록 삶은 소진되고 낭비됩니다. 우리는 아무리 바빠도 말씀을 묵상하고 하나님의 말씀을 통해 인도를 받아야 합니다. 묵상은 우리를 견고하게 하는 힘입니다. 묵상의 삶이 복 있는 사람의 길입니다. 매일같이 삶에 밀려드는 악한 영향력을 차단하고 말씀의 영향력 안으로 들어가기 위해서는 묵상이 답입니다.

5장

: 묵상과 치유

1 성과주의와 타인의 시선에 매인 삶을 사느라 마른 잎사귀같
이 소진되어 기력 없이 겨우 버티고 있지는 않습니까? 소모
적인 삶을 끝내고 기쁨과 활력이 넘치는 삶을 살아갈 수 있
는 비결은 무엇입니까?

2 묵상의 삶을 살면 삶의 지혜를 얻고, 선악을 분별하는 기준
이 분명해지고, 가야 할 길을 알게 되는 유익이 있습니다. 이
외에 묵상의 삶에 부어지는 유익을 나눠 보십시오.

3 묵상을 통해 나를 얽어매고 있던 문제에서 풀려난 경험이
있습니까? 말씀의 힘을 경험한 적이 있다면 나눠 보십시오.

6장

두 갈래 길

신앙생활에서 중요한 것 중에 하나는 무엇에 영향을 받느냐입니다. 그래서 좋은 교회를 다니고, 좋은 믿음의 동역자들을 만나는 것은 큰 축복입니다. 하지만 가장 중요한 것은 하나님의 말씀에 영향을 받는 것입니다. 우리가 신앙생활을 하면서 가장 많이 접하는 것이 말씀입니다. 개신교는 말씀을 강조합니다. 그래서 예배를 드릴 때도 말씀을 듣는 시간이 가장 깁니다. 말씀의 영향력이 그만큼 지대하다는 의미입니다. 말씀을 대하는 태도는 우리의 삶을 결정하고 우리가 가는 길을 바꾸어 놓습니다.

성경은 항상 두 가지 길을 이야기합니다. 성경은 복만 이야기하는 것이 아니고, 저주도 함께 이야기합니다. 하나님은 창세기 12장에서 아브라함을 부르실 때 복을 약속하시고, 또 저주도 언급하셨습니다. 출애굽 유월절 사건에서도 한쪽은 구원이고, 한쪽은 사망으로 아주 선명하게 둘로 갈라진 모습을 볼 수 있습니다.

시편 1편에서도 인생의 두 갈래 길이 선명하게 그려진 그림을 보게 됩니다. 하나는 생명의 길이고, 다른 하나는 멸망의 길입니다. 1절은 "복 있는 사람"으로 시작하는데, 마지막 6절은 "악인들의 길은 망하리로다"라는 말씀으로 끝납니다. 시작과 끝에서 복과 멸망이 대조됩니다.

누가
악인인가?

4절은 "악인들은 그렇지 아니함이여"라는 말씀으로 시작합니다. 단호한 선포입니다. 그런데 악인들은 무엇이 그렇지 않다는 것입니까?

악인이 어떤 사람인가를 알려면 악인의 반대편에 있는

복 있는 사람이 누구인가를 알아야 합니다. '복 있는 사람' 은 '여호와의 율법을 즐거워하여 그의 율법을 주야로 묵상 하는 자'입니다. 따라서 악인이란 '여호와의 율법을 즐거워 하지 않고 그의 율법을 주야로 묵상하지 않는 사람'입니다.

여기서 세상이 흔히 말하는 악인과 성경이 말하는 악인은 차이가 있다는 것을 알 수 있습니다. 시편 1편에서 악인은 하 나님의 율법을 즐거워하지 않는 사람, 그리고 율법을 주야로 묵상하지 않으며 하나님의 말씀을 거부하고 살아가는 사람 입니다. 영혼에 하나님의 말씀의 빛이 계속 비치지 않는 사 람이 악인이고, 그 끝은 심판입니다. 그래서 시편 1편 4-6절 은 악인에 대한 심판을 다루고 있습니다.

악인들은 그렇지 아니함이여 오직 바람에 나는 겨와 같도 다 그러므로 악인들은 심판을 견디지 못하며 죄인들이 의 인들의 모임에 들지 못하리로다 무릇 의인들의 길은 여호 와께서 인정하시나 악인들의 길은 망하리로다 시 1:4-6

5절은 "그러므로"로 시작합니다. 이는 접속사로, 앞에서 일어난 어떤 행동의 결과를 이야기합니다. 앞에 어떤 행동 이 있고, 뒤에 결과가 따릅니다. 현재의 삶과 오늘 내가 겪고 있는 일은 어느 날 갑자기 주어진 것이 아닙니다. 앞선 어떤 행동의 결과입니다. 우리의 의지적인 선택에 따른 행동의 결과로 오늘이 있는 것입니다. 우리의 삶에는 모든 가능성이 다 열려 있는데, 그 원인 제공은 인간 편에서 한다는 의미입니다.

복 있는 사람이 시냇가에 심은 나무와 같이 철을 따라 열매를 맺고, 그 잎사귀가 마르지 않고, 그가 하는 모든 일이 형통하게 되는 것도 마찬가지입니다. 어느 날 나무를 심었다고 저절로 열매를 맺는 것이 아닙니다. 시냇가에 심은 나무가 뿌리를 계속 내리고, 그 뿌리가 진액을 계속 빨아당기고, 나무 안에서 수없이 많은 성장 작용이 이루어져 나무가 서서히 자라고, 잎이 풍성해지고, 마침내 열매를 맺는 결과를 가져오게 되는 것입니다.

씨를 뿌리는 대로 열매를 거두는 법입니다. 우리는 매일 씨를 뿌립니다. 아침에 일어나서 우리의 생각에 어떤 씨를 뿌리느냐에 따라서 우리의 행동이 만들어집니다. 우리는 매일 말씀을 어떻게 대할지 선택해야 합니다. 말씀을 무시하고 살 것인지, 아니면 말씀을 존중하며 살 것인지에 따라 다른 결과를 맞게 됩니다.

일상에서 말씀에 대한 깨달음 없이 살아간다는 것은 두려운 일입니다. 비록 눈에 보이지는 않지만, 우리의 영혼을 매일 말씀으로 경작하지 않으면 척박해지고 맙니다. 그런 메마른 영혼에서 나올 것이라고는 악한 꾀나 자기의 지식을 자랑하는 오만함뿐입니다.

시편 1편이 강조하는 의미는 성경을 단순히 지식적으로 아는 수준을 말하지 않습니다. 시냇가에 심은 나무란 말씀이 영혼 깊숙이 뿌리내린 사람을 가리킵니다. 말씀이 우리의 삶에 영향을 주고 우리의 삶을 주도해 나가는 단계까지 가야 형통한 인생을 살게 되는 것이지, 그렇지 않으면 우리는 악인의 길을 갈 수밖에 없습니다.

리처드 포스터는 "오늘날 우리 시대의 저주는 피상성"이라고 했습니다. 피상성은 다른 말로 하면 '가벼움'입니다. 깊이가 없다는 뜻입니다. 말씀을 알고는 있지만, 그 말씀이 우리의 영혼 깊이 뿌리내리고 우리의 삶 속에 스며들어서 삶을 주장하는 데까지 내려가지 않는 가벼움을 말합니다.

예수님이 씨 뿌리는 자(마 13:1-23)의 비유에서 말씀하셨던 것처럼, 아무리 좋은 씨앗이라 할지라도 돌밭이나 길가에 뿌려지면 곧 말라 없어지고 맙니다. 뿌리가 없기 때문입니다. 다시 말해, 깊이가 없는 것입니다. 수많은 지식과 정보가 있을지라도 가볍게 듣고 넘기면 내 삶에 큰 영향을 주지 않습니다. 말씀도 마찬가지입니다. 말씀을 하나의 정보 정도로만 받아들이고 잊어버린다면 어떻게 말씀이 우리 인생의 열매로 연결되겠습니까?

악인의 결론, 심판

하나님의 말씀을 묵상하지 않으며 자신의 영혼을 방치한 악인들의 결과는 어떠할까요?

> 오직 바람에 나는 겨와 같도다 그러므로 악인들은 심판을 견디지 못하며 죄인들이 의인들의 모임에 들지 못하리로다 시 1:4-5

바람에 나는 겨는 창고에 들이는 알곡과 구분됩니다. 공중에 떠돌아다니다가 어디론가 사라져 버리는 운명입니다. 이것은 하나님의 심판입니다. 하나님은 심판하시는 분입니다. 하나님의 심판은 하나님의 말씀을 대하는 태도와 어떻게 하나님의 말씀을 따라 살아갔는지에 대한 심판입니다.

그런데 악인은 스스로 자신의 심판 가운데로 들어갑니

다. 하나님은 심판하시는 분은 맞지만, 심판을 즐기시는 분
은 결코 아닙니다. 가끔 하나님이 심판을 즐겨하시는 분이
라고 오해하는 분들이 있습니다. 그들은 사랑의 하나님이
왜 지옥을 만드셨는지 의아해합니다. 하나님은 자비로우신
분입니다. 한 사람이라도 더 구원에 이르는 것이 하나님의
뜻입니다.

문제는 인간이 스스로 하나님의 구원을 거절한다는 것
입니다. 하나님은 인간에게 자유의지를 주셨습니다. 이것은
놀라운 축복입니다. 자유의지를 갖고 행하는 것은 하나님
이 인간에게 주신 최고의 선물 중 하나입니다. 그런데 인간
이 이 놀라운 선물과 특권으로 하나님을 거부함으로 스스
로를 심판으로 몰아넣었습니다.

심판은 반드시 있습니다. '달란트 비유'나 '열 처녀 비유'
등은 종말론적 심판에 대한 메시지입니다. 우리가 원하든,
원하지 않든 하나님의 심판의 때는 꼭 옵니다. 그 심판은
악인과 의인에 대한 심판이고, 양과 염소에 대한 구별입니
다. "죄인들이 의인들의 모임에 들지 못하리로다"(5절)라는
말씀을 보면 분명히 구분이 됩니다. 또한 6절을 보십시오.

무릇 의인들의 길은 여호와께서 인정하시나 악인들의 길

은 망하리로다 시 1:6

얼마나 두려운 말씀입니까? '시냇가에 심은 나무'에 대한 말씀과 얼마나 대조적입니까? 말씀을 거부하며 자기 마음대로 산 결과가 얼마나 참혹한가를 보여 줍니다. 부패한 본성을 따라 살아가면 스스로 심판을 당하게 되는 것입니다.

인간이 얼마나 악한지 모릅니다. 우리가 의를 행한다고 해도 그 의조차 온전하지 못한, 더러운 옷과 같을 뿐입니다. 우리에게는 자랑할 것이 하나도 없습니다. 그러니 끊임없이 하나님의 말씀을 통해 우리의 영혼이 변화받고, 영향받고, 인도받지 않으면 안 됩니다.

한두 번 거짓말한다고 큰일이 나는 것은 아니지만, 지속적으로 거짓말을 하다 보면 위기가 찾아옵니다. 매일의 작은 결정들이 나중에 큰 결과를 만들어 냅니다. 어떤 선택들이 끝없이 반복되면 반드시 어떤 결과가 찾아옵니다. 처음 죄를 지을 때 결과를 예상하고 짓는 사람은 없습니다. 그러나 죄는 드러나게 되어 있습니다. 그 자체가 심판이 되어 찾아옵니다.

다윗의 밧세바와의 동침 사건은 어느 날 갑자기 일어난, 우발적 사건이 결코 아닙니다. 다윗은 어느 순간엔가 조금씩 무너졌던 것입니다. 그리고 그 사건은 감추어지는 듯했습니다. 왕의 권력으로 모든 상황을 무마하고 은폐하는 데 성공한 것처럼 보였습니다. 그러나 세월이 흐르고 평온해 보이던 어느 날, 나단 선지자가 찾아와 다윗의 죄를 폭로했습니다. 하나님이 보내신 것입니다.

죄는 인간의 편에서 덮을 수 없습니다. 하나님이 들추어 내시기 때문에 우리가 끝났다고 끝난 것이 아닙니다. 결국 하나님의 말씀으로 세워져 가는 인생이 아니면 모래 위에 지은 집과 같을 뿐입니다. 오직 출세만을 목표로 세워 오르기만 한 사람은 한때 반짝할 뿐 결국 무너집니다. 내가 어느 자리에 있느냐가 아니라 어떻게 그 자리에 올랐느냐가 중요합니다. 인생의 집이 온전하게 세워져 있지 않으면 무너지게 되어 있습니다. 겉으로는 멀쩡해 보이지만 가건물입니다. 인생의 가건물과 같은 것들은 잠시만 흔들려도 갑자기 곤두박질칩니다.

막연한 종교심이나 무료하게 종교적 의식을 지키는 것만으로 우리의 삶을 지탱할 수는 없습니다. 그저 교회에 적을 두고 예수 믿는 흉내만 내는 것으로는 현실에 밀려오는 수없는 위기와 어려움과 유혹을 이겨 낼 수가 없습니다. 지뢰밭은 비무장지대에만 있는 것이 아닙니다. 진짜 지뢰밭

은 우리가 살아가는 일상입니다. 밟는 순간 터지는 지뢰들
이 수없이 매복되어 있습니다.

직장에서 높은 자리에 올라가는 것은 힘들지만 그 자리
에 앉았을 때 찾아오는 유혹을 물리치는 일은 더 어렵습니
다. 사람들이 나에게 내미는 것이 뇌물인지 선물인지, 받아
야 할지 말지를 구분하고 결정하는 일은 생각보다 쉽지 않
습니다. 살살 미소를 띠며 다가오는 사람이 사기꾼인지 아
닌지 분별하는 것도 마찬가지입니다. 혹 분별했을지라도
거절할 수 있는 능력과 결단력을 갖기도 여간 어렵지 않습
니다. 매일 말씀으로 자신의 영혼을 풍성하게 하지 않는 사
람들에게는 매우 어려운 일입니다.

다윗은 천신만고 끝에 왕의 자리에 올랐고, 왕국의 전성
기를 누렸으며, 존경받는 왕으로서 모든 것을 가졌습니다.
하지만 최고의 순간에 작은 유혹 앞에 무릎을 꿇고 말았습
니다. 넘지 말아야 할 선을 넘었고, 결국 인생 최고의 실수
를 저질렀습니다. 나중에 회개하고 돌아섰지만, 다윗 왕가
에 몰아친 후폭풍은 거셌습니다.

우리의 영혼은 이처럼 유약합니다. 누구나 마찬가지입니
다. 매일 말씀을 묵상하며 영혼을 지속적으로 수련하지 않
으면 누구나, 얼마든지 망가질 수 있습니다.

악인의 현실 심판은
빈 손이다

악인은 영원한 심판도 받지만, 현실에서도 심판받습니다. 말씀을 묵상하고 말씀을 따라 살아가는 자는 시냇가에 심은 나무이고, 형통의 삶을 살며, 현실 속에서도 하나님의 형통을 맛봅니다. 그러나 그와 반대되는 삶을 살면 현실 속에서도 심판을 만납니다. 그렇다면 악인이 현실에서 받는 심판의 형태는 어떤 것입니까?

바람에 나는 겨의 운명입니다. 열심히 살았는데, 돌아보면 '내가 무엇을 위해 이렇게 달려왔는가?' 하며 허무함이 몰려옵니다.

오늘날 우리 모두는 얼마나 바쁘게 살아갑니까? 쉼 없이 달려갑니다. 한국은 특별히 일을 많이 하는 것으로 유명합니다. 급속한 경제 성장이라는 화려함 뒤에 어둠이 짙게 깔려 있습니다. 열심히 일하고 무엇인가를 얻은 것 같은데, 허전합니다. 우리는 얼마나 열심히 살았는가보다 그 끝에서 무엇을 맞이할 것인가가 더 중요하다는 사실을 기억해야 합니다.

바쁘게 사는 것 자체가 나쁜 것은 아닙니다. 열심히 살아야 합니다. 문제는 정신없이 바쁜 것입니다. 정신없이 바쁘다는 것은 무엇을 위해 바쁜지 모른다는 것이고, 방향성을 상실한 채 분주하다는 뜻이기 때문입니다. 이는 바람에 나는 겨와 같습니다. 무의미한 삶은 어느 날 갑자기 다가오는 것이 아닙니다. 삶의 목적을 전혀 알지 못하고 열심히 뛰다 보면 반드시 허무가 찾아오기 마련입니다.

갈수록 삶의 수단이 좋아지고 있습니다. 눈부신 문명의 이기, 4차 산업혁명, 교통수단과 통신수단이 이전과 비교할 수 없을 정도로 편리해졌습니다. 로봇이 많은 일을 하는 놀라운 시대가 다가오고 있습니다. 엄청난 변화가 일어나고 있습니다. 그런데 문제는 수단이 아닙니다. 수단을 통해서 '무엇을 할 것인가?'라는 분명한 목적이 없다면 삶은 무의미해질 수밖에 없습니다.

이처럼 우리의 삶에서 이루어지는 심판이란 '무의미한 삶'입니다. 돈이 많아도 돈을 써야 할 목적이 분명하지 않으면 돈을 벌고 난 다음에 허무해집니다. 좋은 집에서 살고 좀 더 잘 먹는 것 이상의 목표가 없다면 기가 막힌 것입니다. 우리는 고작 잘 먹고 잘사는 것을 목적으로 만들어진 존재가 아닙니다.

시간이 조금만 지나면 후회할 일을 위해 시간과 돈을 쏟고 있다는 사실을 미처 알지 못한 채 살아가는 것 자체가 심판이라 할 수 있습니다. '조금만 더 일찍 알았더라면 좋았을 텐데!' 하는 탄식이 젊은 날의 후회가 아니라 인생을 거의 다 산 다음에 얻은 통찰이라면 억울한 일이 아닐 수 없습니다.

열매가 없는 삶이 심판입니다. 손에 무엇인가를 꽉 쥐었는데 펴 보니까 잡힌 것이 없는 빈 손인 것입니다. 수고하고 애쓴 것은 많은데 아무것도 남지 않은 것이 바로 저주이고 심판이라는 것입니다. 솔로몬은 전도서에서 이렇게 고백했습니다.

> 내가 해 아래에서 행하는 모든 일을 보았노라 보라 모두 다 헛되어 바람을 잡으려는 것이로다 전 1:14

무엇을 거두어들이고 이루었느냐보다 중요한 것은 하나님의 판결입니다. "무릇 의인들의 길은 여호와께서 인정하시나 악인들의 길은 망하리로다"(6절)라는 말씀에서 의인은 '복 있는 사람'(1절)이고, '오직 여호와의 율법을 즐거워하여 그의 율법을 주야로 묵상하는 자'(2절)입니다. 의인의 길은 여호와께서 인정하십니다. 왜냐하면 하나님의 말씀을 묵상하고, 말씀을 따라 살아가는 사람이기 때문입니다.

하나님이 인정하지 않으시면 망한 것입니다. 중요한 것은 하나님의 인정입니다. 하나님이 인정하지 않으시면 껍데기와 같습니다. 솔로몬은 껍데기를 '바람을 잡으려는 것'이라고 표현했습니다. 하나님의 말씀을 따라 율법을 즐거워하여 주야로 묵상하며 살아가지 않는다면 하나님께 인정받을 수 없고, 하나님께 인정받지 않는다면 무엇을 얻었다 할지라도 무가치하고 무의미할 뿐입니다. 사람들의 평가는 중요하지 않습니다. 세상에서 아무리 인기가 있어도 오래가지 않습니다. 시간이 지나면 다 사라지고 없습니다.

끝을
아는 사람

우리의 삶은 하나님이 만들어 놓으신 원리와 법칙 가운데 돌아가고 있습니다. 언뜻 보면 의미 없이 돌아가는 것 같지만, 그렇지 않습니다. 우리가 하나님의 말씀을 따라 살아야 할 이유가 여기에 있습니다. 하나님이 정해 놓으신 매뉴얼을 따라 살아가야 합니다. 매뉴얼이 무엇입니까? 하나님의 말씀입니다. 인류의 시작에서 세상 끝 날까지 우리의 모든 삶은 하나님의 매뉴얼대로 돌아가고 있습니다.

자동차를 사면 매뉴얼을 보면서 경유를 넣어야 하는지, 휘발유를 넣어야 하는지 확인해야 합니다. 내 마음대로 아무 연료나 넣으면 안 됩니다. 인생을 제대로 사는 길은 우리 안에 하나님이 지정하신 연료를 넣는 것입니다. 그 연료는 바로 하나님의 말씀입니다. 우리는 말씀을 먹어야 제대로 작동되는 사람들입니다. 하나님의 말씀을 무시하고 살면 대가를 지불해야 합니다.

삶의 끝을 생각해 보십시오. 말씀을 묵상하면 우리에게 주어지는 축복 중에 하나는 하나님이 인생의 시작과 끝을 보여 주신다는 것입니다. 우리는 인생이 어디에서 출발했고 어디로 갈 것인가를 분명히 보고 살아갈 수 있습니다. 시편 1편은 복 있는 사람의 끝이 어디인지, 자기 마음대로 살아가는 악인의 끝이 어디인지를 우리에게 가르쳐 줍니다.

많은 사람이 인생을 다 살고 난 다음에 "인생이 이런 것이구나. 내가 미리 알았었더라면"이라고 말합니다. 그러면 안 됩니다. "살아 보니 그렇더라" 하면 늦습니다. 끝이 무엇인가를 미리 보고 살아가는 사람이 복된 인생을 살 수 있습니다.

창세기는 시작을 알려 주고, 요한계시록은 끝을 알려 줍니다. 우리는 역사의 시작과 끝, 인생의 시작과 끝을 알아야 합니다. 시작을 모르면 끝도 알 수 없습니다. 근원이 분명하지 않으면 존재도 허공에 떠 있을 뿐입니다. 또한 끝을 알아야 오늘을 알 수 있습니다. 끝에 무슨 일이 일어날지 모르는 채 살아가면 유혹에 흔들려 정신을 차릴 수가 없습니다. 하지만 아무리 힘들고 어려워도 끝에 무엇이 기다리는지 알면 오늘의 고난을 이겨 낼 수 있습니다.

신자는 종말론적인 삶을 살아가야 합니다. 그리스도께서 심판주로 오실 것입니다. 우리는 모두 그분 앞에 서야 합니다. 그러므로 항상 종말을 인식하고 깨어 있어야 합니다. 늘 긴장해야 합니다. 끝을 생각하고 살아가는 사람은 복된 인생을 살아갈 수 있습니다. 자기 생각과 자기 마음대로 살아가는 사람은 악인이고, 그는 망할 것입니다. 그러나 하나님의 말씀을 따라 살아가는 의인은 승리합니다. 의인은 끝이 보장된 사람입니다.

우리가 하나님의 말씀대로 살아가면 때로는 유혹이 오고, 어려움이 다가오고, 손해 볼 것 같아도 묵묵히 하나님의 말씀을 묵상하고 말씀을 따라 살아가면 결국은 하나님이 책임져 주십니다. 그러므로 우리는 쓸데없는 일에 에너지를 낭비하며 세월을 보내지 않아도 됩니다. 중요한 것은 "무엇을 위해 살 것인가?"라는 삶의 목적입니다. 삶의 군더

더기를 다 제거하고 본질에만 집중하고 살아갈 수 있는 힘이 말씀 안에서 주어지는 것입니다.

우리는 성경을 통해서 역사의 종말에 대해서 잘 알고 있습니다. 신자에게 주어진 특권은 미래를 보는 눈입니다. 끝에 일어날 일을 바라보며 우리의 삶을 날마다 말씀에 비추어 살고자 애를 써야 합니다.

오늘만 생각하고 살아가는 사람의 시야는 굉장히 좁습니다. 그러면 작은 일에도 흔들릴 수 있습니다. 그는 순간적이고 얄팍하게 문제를 해결하려는 유혹을 받습니다. 그러니 꼬일 수밖에 없는 것입니다. 그러나 끝을 생각하고 살아가는 사람은 삶이 깊고, 깁니다. 순간적으로 결단하고 행동하지 않습니다. 끝을 바라보며 살아가기 때문에 중심을 잡은 채 흔들리지 않고 믿음 안에서 살아갑니다. 끝을 아는 사람은 다가올 날들을 대비하며 살아갑니다.

행복한 삶이 우리의 선택에 달려 있습니다. 말씀을 사랑하고 즐거워하십시오. 말씀을 주야로 묵상하십시오. 말씀에 흠뻑 젖어드는 은혜가 필요합니다. 말씀을 결코 가볍게 보지 마십시오. 열심히 산다고, 세상의 눈치를 보고 산다고 되는 것이 아닙니다. 우리 인생의 성패는 모두 말씀에 달려 있습니다.

묵상하는 자의 삶을
하나님이 보장하신다

아침에 눈을 뜨면 하나님의 말씀을 가까이하고 있습니까? 말씀을 어떤 태도로 대하고 있습니까? 영혼에 말씀이 끊임없이 뿌려지고 있습니까? 영혼의 어두움이 하나님의 말씀을 통해 점점 밝아지고 있습니까, 아니면 영혼이 방치된 상태로 있습니까?

손에서 성경이 떨어지지 않도록 하십시오. 삶의 모든 영역에서 결정이 필요한 순간마다, 크고 작은 일들을 행할 때마다 하나님의 말씀을 가져오십시오. 말씀을 가까이하면 하나님이 인도해 주십니다. 실천해 보십시오. 하나님의 말씀을 가까이하고, 말씀을 묵상하고, 말씀의 인도를 받아 보십시오. 하나님이 우리의 인생을 반드시 일으켜 세워 주실 것입니다. 우리의 삶을 살려 주실 것입니다. 회복이 일어날 것입니다.

우리 시대의 위기는 말씀을 사랑하지 않고, 오히려 점점 거부하는 데 있습니다. 교회를 다니는데 말씀이 없다면 무엇을 믿는 것입니까? 그리스도인은 말씀을 믿는 사람입니다. 우리는 말씀하시는 하나님을 믿습니다. 말씀하시는 하나님의 인도를 받습니다. 하나님이 우리를 복된 길, 형통한 길로 인도하십니다.

　길은 말씀에 있습니다. 마치 도박처럼 어느 날 갑자기 기도했더니 대박이 나는 것이 아닙니다. 하나님의 말씀을 따라 기도할 때 하나님이 응답하십니다. 말씀을 벗어난 기도는 기복주의로 흐르고, 결국은 자기중심적 신앙으로 끝나 버립니다. 그 길은 하나님이 보장하시지 않습니다. 오직 여호와의 율법을 즐거워하여 그의 율법을 주야로 묵상하는 자의 삶을 하나님은 보장해 주십니다. 하나님의 말씀을 사랑하고 그 말씀으로 날마다 승부를 걸 때 말씀으로 승리하는 삶을 살게 될 것입니다.

6장

: 묵상을 거부한 사람들

1 시편 1편에서 말하는 악인은 누구입니까? 지금 나는 과연 악인입니까, 의인입니까?

2 자기의 영혼을 방치한 악인들의 결과는 어떠합니까? 시편 1편 4-6절을 읽고, 악인이 어떤 판결을 받는지, 영원한 심판과 현실에서의 심판으로 나누어 구체적으로 나눠 보십시오.

3 말씀 묵상이 주는 유익 중 하나는 미래를 보는 눈을 소유하게 되는 것입니다. 끝을 아는 사람으로서 종말론적인 삶을 살아가고 있습니까? 복된 길, 형통한 길은 말씀에 있다는 사실을 확신하며 살아가고 있습니까?

7장

하나님이 인정하시는 길

인정
욕구

　정도의 차이는 있지만 사람들에게는 누구나 본능적으로 '인정 욕구'가 있습니다. 내가 가진 재능이나 능력을 누군가에게 인정받는 것은 굉장히 행복한 일입니다. 우리는 일평생 인정 욕구에서 해방될 수 없는 존재입니다. 그렇다 보니 무슨 일을 할 때든 항상 누군가에게 인정을 받고자 합니다. 박수를 받고 누군가 인정해 주면 자존감이 살아나 세상에서 가장 행복한 사람이 됩니다. 그러나 인정받지 못하면 자존감이 무너지고, 훼손되며, 비참해집니다.

인정 욕구를 가지는 것은 자연스러운 일이지만, 인정 욕구가 잘못되면 노예적 삶을 살게 됩니다. 한 아이가 아버지에게 인정을 받기 위해서 모든 것을 걸었습니다. 아버지가 정해 놓은 목표에 도달하기 위해 열심히 노력해 마침내 성공을 이루어 냈습니다. 하지만 그의 내면은 분노로 가득할 뿐입니다.

인정받는다는 것은 굉장히 중요한 이슈입니다. 다윗의 아들 압살롬을 보면 알 수 있습니다. 압살롬은 왕자의 난을 일으켰고, 형제들을 죽였습니다. 분노한 다윗은 그를 내쳤습니다. 나중에 다윗은 아들을 용서해 주었지만, 진정한 용서는 아니었습니다. 아버지가 아들을 온전히 품어 주지 않으니, 압살롬은 아버지인 다윗 곁에 있지 못하고 왕실 주변을 배회했습니다.

사실 압살롬은 다윗의 왕위를 이어받을 만한 탁월한 아들이었습니다. 그의 내면에는 아버지에게 인정받고 싶은 욕구가 있었습니다. 그러나 아버지가 그를 내치자 좌절해 분노와 원망이 쌓였고, 분쟁으로 화살을 돌렸습니다. 사람들을 회유해서 반란을 일으켰던 것입니다. 결국 실패한 압살롬은 안타까운 죽음을 맞이함으로써 비운의 왕자가 되었습니다.

어떤 사람들은 완벽주의적인 성향을 가졌습니다. 완벽주의의 이면에는 열등감이 있습니다. 그들은 다른 사람들의 평판, 인정, 시선에 목을 매며 속박되어 있습니다. 그래서 조그만 실수를 해도 견디지 못합니다. 그 열등감은 우울증으로 이어지기도 합니다.

그들은 인정받고자 하는 내면이 처리되지 않아 일평생 자기 삶의 방향과 목적을 상실한 채 다른 사람들의 평가와 기준에 끌려다니는 인생을 살아갑니다. 그래서 뭔가 열심히 하기는 하지만 내면에 불안함이 도사리고 있습니다. '과연 내가 이 일을 통해 저 사람에게 인정받을 수 있을까?' 하면서 말입니다. 그러나 상대에게 인정받기란 쉬운 일이 아닙니다.

악인은 '바람에 나는 겨'와 같습니다. 악인의 특징은 '산만함'입니다. 그들은 언제나 자신을 다른 사람들의 평가와 시선에 맞추려고 합니다. 그렇다 보니 삶이 마구 휘둘립니다. 무슨 일을 하든 주변 시선에 종속되어 있습니다.

그러나 주변의 평가라는 것이 언제나 가변적이지 않습니까? 어떤 때는 인정받을 수 있지만, 어떤 때는 그 인정이 비난의 요소로 돌변할 수 있습니다. 잠언 14장 12절은 "어떤 길은 사람이 보기에 바르나 필경은 사망의 길이니라"고 말합니다. 사람들이 보기에는 바르고 멋있지만, 사실은 사망의 길일 수도 있다는 것입니다. 사람들에게 내가 어떻게 보이는가를 좇는 사람은 바람에 나는 겨와 같을 뿐입니다.

바람 따라 정처 없이 떠돌아다니는 겨는 마치 길을 잃어버린 양과 그 모습이 흡사합니다. 양은 고집이 세서 자기가 끌리는 대로 가다가 길을 잘 잃어버립니다. 누가복음 15장 '탕자의 비유'에 나오는 탕자와도 닮았습니다. 탕자는 아버지 곁을 떠나 자기 마음대로 인생을 살았습니다. 삶의 중심을 놓쳐 버린 인생은 이리저리 돌아다닙니다.

> 우리는 다 양 같아서 그릇 행하여 각기 제 길로 갔거늘 여호와께서는 우리 모두의 죄악을 그에게 담당시키셨도다 사 53:6

누구에게
인정받는가?

사람들의 행위 이면에는 인정받고 싶은 갈망이 숨어 있습니다. 하지만 열심히 노력해 어렵게 인정받았다 할지라도, 인정은 순간입니다. 마치 벚꽃과 같습니다. 아름답게 피어 있지만 바람이 불고 비가 오면 우수수 떨어집니다. 사람들에게 인정받는 일에 집착하고, 정처 없이, 방향 없이 살아가는 악인의 모습과 같습니다. 시편 1편의 마지막 6절을 주목해 보십시오.

> 무릇 의인들의 길은 여호와께서 인정하시나 악인들의 길은 망하리로다 시 1:6

1절의 '복 있는 사람'이 6절의 '여호와께 인정받는 사람'으로 결론을 맺습니다. 복 있는 사람의 결론은 여호와께 인정받는 사람인 것입니다. 그러나 악인의 결과는 반대입니다. 악인은 하나님의 시선에서 배제되어 있는 인생입니다. 악인과 의인은 엄격히 구분됩니다.

> 그러므로 악인들은 심판을 견디지 못하며 죄인들이 의인들의 모임에 들지 못하리로다 시 1:5

삶의 성패는 '여호와께 인정받는 것'으로 마무리됩니다. 여기서 '인정하신다'라는 단어는 영어 성경에는 단지 'know'(안다)라고 되어 있는데, 히브리어 원문상으로는

'Yada'(야다)입니다. 지식적인 앎에 그치는 것이 아니라 깊은 관계를 통해 매우 친밀하게 서로를 아는 관계에서 쓰는 단어입니다. 마치 부부 관계에서 배우자가 서로를 알듯 깊이 아는 것과 같습니다.

우리의 신앙에서 매우 중요한 것은 하나님을 아는 것입니다. 우리 신앙의 변화는 하나님이 누구신지를 아는 것에서 시작됩니다. 하나님이 누구신지 모르면, 하나님을 섬긴다고 말하지만 결국 우상 숭배가 될 뿐입니다. 그래서 하나님을 알아 가는 열심이 필요합니다. 믿음은 하나님이 누구신지 아는 만큼 자랍니다. 우리가 성경을 계속 연구하는 이유는 하나님이 누구신지 알아야 하기 때문입니다. 신앙은 '하나님을 알아 가는 여행'이라고 달리 표현할 수 있습니다.

그러나 우리가 하나님을 아는 것보다 하나님이 우리를 아시는 것이 더 중요합니다. 하나님이 우리를 아시되, 내 이름뿐 아니라 내 형편과 내 생각과 내 삶의 모든 것을 깊이 아시는 것이 중요합니다. 하나님은 사람을 평가하실 때 매우 세심하게 살피신 후 평가를 내리십니다.

여호와의 눈은 어디서든지 악인과 선인을 감찰하시느니라 잠 15:3

주께서 내 마음을 시험하시고 밤에 내게 오시어서 나를

감찰하셨으나 시 17:3

여호와께서 인정하시는 의인은 시편 1편 2절 말씀과 연결됩니다. '오직 여호와의 율법을 즐거워하여 그의 율법을 주야로 묵상하는 자'가 복 있는 사람입니다. 하나님이 그의 삶을 아시고 그를 인정하십니다.

그렇다면 하나님이 인정하시는 삶은 어떤 것일까요? 삶의 기준이 하나님인 삶입니다. 갈라디아서 1장 10절은 "이제 내가 사람들에게 좋게 하랴 하나님께 좋게 하랴 사람들에게 기쁨을 구하랴 내가 지금까지 사람들의 기쁨을 구하였다면 그리스도의 종이 아니니라"고 말합니다. 우리 삶의 초점이 어디에 있는지가 중요합니다.

우리는 세속화된 사회, 반(反)하나님적인 문화 안에서 살아가고 있습니다. 오늘날은 세속화의 급류가 굉장히 빠르고 잘못된 기준들이 우리를 유혹하고 있습니다. 문화적 탁류(濁流)가 극심합니다. 세상의 기준이 그리스도인의 삶의 기준을 흔들어 놓을 때가 많습니다. 정신을 차리지 않으면 바람에 나는 겨처럼 어디론가 날아갈 수밖에 없는 시대를 우리는 살고 있습니다.

이런 문화 속에서 하나님의 백성으로서의 고유한 태도를 지키며 살아가기란 매우 어렵습니다. 악인들의 꾀가 얼마나 솔깃하게 들립니까? 한순간 눈감으면 내 인생에 기회가 찾아올 것이라 생각해 신앙 양심을 거부해 버릴 수 있는 위험성이 도처에 도사리고 있습니다. 또 죄인들의 길에 서고 싶은 유혹과 오만한 자들의 자리에 앉을 가능성도 얼마나 많은지 모릅니다.

한국은 사기 사건이 많습니다. 우리 안에 대박 심리가 있기 때문입니다. 삶의 현실이 어려워서일 수도 있습니다. 그러나 대박 심리보다 더 무서운 것은 하나님 없이도 가능하다는 성공주의요, 위기의 때에 순간적으로 신앙 양심을 팔아 버릴 수 있는 위험성입니다.

아침에 일어나서 자신의 내면에서 들려오는 음성이 무엇인지를 들어 봐야 합니다. 과연 하나님의 말씀이 내 안에서 명료하게 들리고 있는지, 아니면 세상에서 끊임없이 들려오는 잡다한 소리들, 즉 드라마와 영화와 인터넷, 그리고 수없이 많은 사람이 쏟아 내는 이야기에 영향을 받고 있는지 귀 기울여야 합니다. 세상의 소리들은 감각적이고, 육체적이며, 일시적입니다.

누구에게 인정받는 삶을 살고 있습니까? 하나님께 인정

받는 삶인지, 사람들에게 인정받는 삶인지 점검해 보십시오. 최종 판결자는 하나님이십니다. 사람들에게 받는 인정이나 인기는 한순간입니다. 혹시 많은 사람에게 인정받는다 할지라도 하나님께 인정받지 못한다면 그 삶은 실패입니다. 성공과 실패를 가름하시는 분은 하나님이십니다. 하나님께 인정받는 삶을 살기 위해서는 사람들의 시선과 말에 휘둘리지 않아야 합니다.

사람들의 말에
휘둘리지 않으려면

사람들의 말에 휘둘리지 않으려면 어떻게 해야 할까요? 하나님의 말씀을 주야로 묵상해야 합니다. 말씀을 주야로 묵상하지 않으면 세상의 성공과 자랑과 인기에 흔들릴 수밖에 없습니다. 그러므로 일상의 분주함 속에서 하나님의 말씀이 뒤로 밀려나지 않도록 주의해야 합니다.

교회를 다니는 사람이라면 누구나 성경에 대해서 어느 정도는 알고 있습니다. 그러나 신앙생활에서 매우 위험한 것은 피상성, 즉 가볍게 아는 것입니다. 말씀이 영혼 깊이 뿌리내리지 않은 것입니다. 그러면 길을 잃고 맙니다. 말씀 묵상이 습관화된 사람들은 시류나 사람들의 평가에 영향을 받지 않습니다. 언제 봐도 안정감과 무게감이 있으며, 요동 치거나 불안해하지 않습니다.

규모가 매우 큰 빙하는 주변 물결을 따라가지 않고 자기 가 원하는 방향으로 간다고 합니다. 워낙 방대하기 때문에 주변의 영향을 받지 않는 것입니다. 오늘날 우리의 삶이 그 러해야 합니다. 하나님의 말씀으로 삶의 중심을 잡고 있으 면 다른 사람이 알아주지 않아도, 누가 나에 대해서 어떤 평가를 내리든 상관하지 않고 갈 수 있는 것입니다.

시편 1편이 강조하는 것은 하나님과의 교제입니다. 말씀 묵상을 통한 하나님과의 교제에서 내 삶을 붙들어 주는 힘 이 나옵니다.

> 너희가 내 안에 거하고 내 말이 너희 안에 거하면 무엇이
> 든지 원하는 대로 구하라 그리하면 이루리라 요 15:7

우리는 흔히 이 말씀을 읽으면 후반부에서만 은혜를 받 습니다. "무엇이든지 원하는 대로 구하라 그리하면 이루리 라." 그러나 이 부분은 하나님이 알아서 하실 일입니다. 정 말 우리가 관심을 가져야 할 말씀은 전반부인 "너희가 내

안에 거하고 내 말이 너희 안에 거하면"입니다. 삶의 안정
감은 하나님의 말씀에 근거해야만 주어질 수 있습니다.

말씀 따라
십자가의 길로

말씀 묵상을 하면 얻게 되는 축복 중에 하나는 말씀이
우리를 그리스도께 인도한다는 것입니다. 구약성경은 그리
스도께서 오시기 전을, 신약성경은 그리스도께서 오신 다
음을 이야기합니다. 성경의 중심은 그리스도입니다. 따라서
그리스도를 알지 못하면 하나님께로 갈 수 없습니다. 예수
님은 이렇게 말씀하셨습니다.

> 내가 곧 길이요 진리요 생명이니 나로 말미암지 않고는
> 아버지께로 올 자가 없느니라 요 14:6

복음의 핵심은 그리스도입니다. 성경을 묵상하다 보면
그리스도께 인도를 받습니다. 어떤 본문을 읽든지 그리스
도를 놓치면 안 됩니다. 그리스도를 발견하고 만나야 합니
다. 그리스도가 아니면 하나님께로 갈 수가 없고, 하나님을

수도 없습니다. 그래서 하나님의 말씀을 묵상하는 것은 그리스도를 묵상하는 것과 다르지 않습니다. 성경을 묵상하다 보면 그리스도께서 누구신지, 그분이 걸어가셨던 길이 무엇인지를 알게 됩니다. 그리고 그 길을 따라가게 됩니다. 그리스도께서 걸어가셨던 길을 따라가면 반드시 승리하게 됩니다.

그렇다면 그리스도께서 걸어가셨던 길은 어떤 길입니까? 십자가입니다. 그리스도께서 지상에서 걸으신 모든 길의 초점은 십자가에 맞춰져 있었습니다. 하나님의 지혜가 십자가 안에 있습니다. 우리의 삶이 혼란하고 길을 잃어버렸을 때 십자가로 걸어가면 틀림없습니다. 십자가에서 멀어지면 우리의 삶은 불안정해집니다.

묵상을 하다 보면 십자가 안에 감추어져 있는 은혜를 깨닫게 됩니다. 십자가는 하나님이 우리의 죄를 위해 아들을 대속 제물로 죽게 하신 사건입니다. 십자가에서 그리스도께서 죽으심으로 죄인이었던 우리가 의인이요, 하나님의 자녀가 되는 놀라운 은혜를 받았습니다.

세상에서 우리가 인정받지 못해도 분명한 한 가지 사실을 기억하면 됩니다. 하나님이 십자가를 통해 나를 구원하신 사건이야말로 나를 향한 하나님의 엄청난 인정하심이라는 것입니다. 그리스도의 십자가는 우리의 모든 무거운 짐을 벗겨 줍니다. 복음은 우리에게 진정한 안식을 줍니다.

> 수고하고 무거운 짐 진 자들아 다 내게로 오라 내가 너희를 쉬게 하리라 나는 마음이 온유하고 겸손하니 나의 멍에를 메고 내게 배우라 그리하면 너희 마음이 쉼을 얻으리니 이는 내 멍에는 쉽고 내 짐은 가벼움이라 하시니라
>
> 마 11:28-30

　누가복음 15장에 나오는 '탕자의 비유'는 복음을 잘 소개합니다. 탕자는 아버지의 재산을 다 탕진하고 방황하다 돌아왔습니다. 그때 아버지가 어떻게 했습니까? 탕자가 "아버지 내가 하늘과 아버지께 죄를 지었사오니 지금부터는 아버지의 아들이라 일컬음을 감당하지 못하겠나이다"(눅 15:21)라고 고백하자 아버지는 그의 손가락에 가락지를 끼워 주고, 최고로 좋은 옷을 입혀 주며, 살진 송아지를 잡아 아들로 받아 주었습니다. 동네 사람들이 불효막심한 아들을 죽일까 봐 그들까지 다 불러서 잔치를 벌였습니다.

　당시는 아버지가 살아 있는데 유산을 가져가는 것을 아버지를 죽인 것과 마찬가지로 여겼습니다. 자신을 죽인 아

들을 받아 주고 인정해 주는 것이 바로 십자가입니다. 복음을 이야기하는 것입니다.

우리는 어떤 외적인 조건으로 하나님께 인정받으려고 노력할 필요가 없습니다. 어떤 사람은 하나님께 인정받으려고 교회에 와서 종교적인 열심을 냅니다. 그러나 어떤 열심도 우리를 하나님 앞으로 나아가게 하지 않습니다.

십자가는 우리의 사회적 신분과 상관없습니다. 우리의 존재 가치는 그리스도의 십자가 안에서 인정됩니다. 예수님 시대의 바리새인들은 자기들의 종교적 열심으로 하나님께 인정받으려고 했습니다. 그러나 그들 안에는 두려움과 불안이 있었습니다. 인간이 어떤 열심으로 하나님 앞에 도달할 수 있고 인정받을 수 있겠습니까?

하나님이 십자가 사건으로 우리에게 분명히 보여 주신 메시지는 "어떤 종교적 열심으로 하나님께 도달하려고 애쓰지 말고, 우월주의에 빠져 있는 어리석음을 버리고 그리스도께로 나아오라"는 것입니다.

때로 우리는 사람들의 시선에서 비켜날 때가 있습니다. 내가 수고한 만큼 인정받지 못할 수도 있습니다. '한때 교회에서 열심히 봉사하고 헌신했는데 아무도 알아주지 않다니! 이제 나는 퇴물이 되었다. 버림받은 것 같다'고 느껴질 때가 있습니다. 그때 힘들 수 있습니다. 그러나 그때 십자가로 가야 합니다. 십자가는 사라지는 것입니다. 아무도 십자가를 인정해 주지 않습니다. 십자가에 무슨 명예가 있습니까? 철저하게 소외되고, 하나님에게마저도 배제된 것이 십자가입니다.

말씀을 묵상하다 보면 말씀이 우리를 그리스도의 십자가로 인도합니다. 그 길은 좁은 길입니다. 결코 넓지 않습니다. 그래서 하나님의 말씀대로 살아가다 보면 때로는 내가 원하던 길이 아니라 전혀 다른 길로 인도되기도 합니다. 세상 사람들이 말하는 멋있는 곳, 사람들이 많이 모여들고 박수해 주는 곳에 가면 기분은 좋을지 모릅니다. 하지만 그 길은 하나님이 인도하시는 길이 아닙니다.

아무도 알아주지 않고, 박수도 기대할 수 없으며, 인정받기조차 어려운 길을 묵묵히 걸어갈 수 있는 힘은 말씀 묵상을 통해 주어집니다. 십자가를 선택하면 승리의 길을 걷게 됩니다. 주님이 이끄시는 길은 하나님이 인정하십니다.

솔직히 말해서, 하나님의 말씀을 제대로 믿고 진리대로 살다 보면, 차라리 믿지 않는 편이 훨씬 나을 때를 만나게 됩니다. 우선 내 마음대로 살지 못하고, 때로는 하나님이 내가 가는 길을 막기도 하시기 때문입니다. 억울함을 당하고, 손해를 보고, 여러 가지 환란과 핍박을 당하는 삶에 빠져들기도 합니다. 그러나 우리는 시편 1편을 대할 때 기복주의로 흐르지 않도록 주의해야 합니다. 시냇가에 심은 나무가 형통할 것이라는 말씀에서 '형통'을 오해해선 안 됩니다. 남들의 시선에 괜찮은 모습으로 살아가는 것이 우리의 목표가 아닙니다. 성경이 말하는 성공과 형통은 우리의 생각대로 되는 것이 아니라 '하나님의 뜻이 이루어지는 것'임을 반드시 기억하십시오.

하나님이 시편에서 '야다'라는 단어를 쓰신 이유가 무엇일까요? 하나님의 말씀을 묵상하고 말씀을 따라 살아가다 만난 길이 비록 가시밭길이고, 억울하고 외로운 길이라도 하나님이 한 말씀만 하시면 됩니다.

"내가 안다. 세상 모든 사람이 너의 길을 인정하지 않는다 할지라도 내가 너를 인정한단다. 너의 고난을 내가 안다."

그리스도인에게 고난의 길, 좁은 길, 아무도 알아주지 않는 길, 외롭고 힘든 길은 십자가의 길입니다. 그러나 십자가의 길은 딱 한 분, 하나님이 인정해 주시는 길입니다. 승리하는 인생은 하나님이 알아주시는 인생입니다.

내가
안다

우리가 매일 하나님의 말씀을 묵상해야 하는 이유가 무엇입니까? 사람들의 소리가 아닌 하나님의 음성에 귀를 기울여야 하기 때문입니다. 하나님의 말씀 안에서 안정감을 가져야 합니다. 지금 내 삶이 불안하거나 두려움에 떨고 있다면 삶의 근거를 찾아야 합니다. 바람에 나는 겨처럼 방향 없이, 하나님의 말씀과 상관없이 살아온 인생은 하나님이 보장해 주시지 않기에 불안합니다. 인정받기 위해서 아무리 노력하고 애써도 그 길은 끝이 없습니다. 그리고 누군가 인정해 준들 그것을 성공이라고 말하기는 어렵습니다.

우리는 '어떤 것'으로 인해 하나님께 인정받는 사람들이 아닙니다. 우리는 '그리스도로 인해' 하나님께 인정받은 사람들입니다. 우리가 인정받은 이유는 그리스도 때문입니다. '의인'(義人)에서 '의'(義)는 그리스도 안에서 얻은 의를 의미합니다. 우리는 아무리 노력해도 하나님 앞에 여전히 죄인일 수밖에 없는 존재이지만, 하나님이 그리스도 안에서 우리를 인정해 주신 것입니다.

우리는 불확실의 시대를 살고 있습니다. 우리가 가는 길을 알지 못합니다. 잠시 뒤에 무슨 일이 일어날지도 모릅니다. 그러나 분명한 사실은 하나님이 우리가 가는 길을 인도하신다는 것입니다.

하나님은 어떤 사람들의 길을 인도하실까요? 하나님은 매일매일 하나님의 말씀을 묵상하고, 말씀의 인도를 받는 사람들의 길을 인도하십니다. 그러므로 우리가 확인해야 할 것은 '지금 하나님의 말씀 안에서 살아가고 있는가?'입니다. 그렇다면 미래는 걱정하지 않아도 됩니다. 지금 무슨 일이 일어나든지 하나님의 말씀을 따라 살아가고 있다면 하나님이 그 길을 인도하실 것입니다.

말씀을 따라 살아가는 삶 자체가 형통입니다. 무슨 일이 일어나든 상관없습니다. 매일 일상에서 하나님의 말씀을 붙잡고 살아가다 보면 어느 순간 내 삶에 하나님의 뜻이 이루어질 것입니다. 그것이 형통입니다. 형통 자체가 목표가 아닙니다. 말씀을 묵상하고 말씀을 따라 살아가다 보니까 하나님이 형통을 이루어 주시는 것입니다.

하나님이 우리가 가는 길을 막으실 때도 있습니다. 예수님을 믿고 신앙생활을 열심히 하면 모든 일이 잘 풀릴 것 같은데, 어떤 때는 도리어 꼬입니다. 인간적으로 보면 악인이 번성하고 의인이 망하는 것처럼 보일 수 있습니다. 마음대로 하는 사람이 훨씬 더 잘사는 것 같고 의인은 고난을 당하는 것 같습니다. 그러나 낙심하지 마십시오. 그럴수록 우리는 하나님의 말씀을 붙잡고 확신해야 합니다. 중요한 것은 내 일이 꼬이느냐, 풀리느냐가 아니고 하나님의 뜻이 이루어지느냐입니다.

여호와께서 인정하시는 사람의 삶은 결과가 분명합니다. 하나님이 그의 인생을 승리하게 해 주십니다. 그러므로 우리는 평소에 하나님의 말씀을 가까이하며, 하나님의 음성을 듣고, 하나님이 원하시는 삶이 무엇인가를 날마다 생각해야 합니다. 누가 무슨 소리를 하든지 말씀 안에서 묵묵히 살아가야 합니다. 그러면 때로 세상적으로 풀리지 않고, 어렵고, 고난이 와도 하나님이 이렇게 말씀하실 것입니다.

"내가 너를 안다. 네가 힘들고 어렵지만 말씀을 따라 살아가고 있다는 것을 내가 안다. 내가 너의 길을 인도할 것이다. 내가 너로 승리하게 할 거야."

시편 1편을 통해 하나님이 계속해서 우리에게 주시는 교훈은 기준이 없는 악한 세상에서 기준이 되는 하나님의 말씀을 붙잡으라는 것입니다. 말씀을 가볍게 여기는 순간, 우리는 곁길로 빠져 버릴 수밖에 없고 그 길의 끝은 어디인지 알 수 없습니다. 말씀에 대한 확신을 가지십시오. 하나님이 성경을 통해 하나님이 인정하시는 길, 형통한 길을 알려 주십니다. 하나님은 우리가 말씀을 따라 살아갈 때 우리를 풍성한 삶으로 인도할 것이라고 약속하셨습니다.

이제 말씀을 대하는 태도가 달라져야 합니다. 말씀은 읽어도 되고, 읽지 않아도 되는 것이 아닙니다. 붙잡아도 되고, 붙잡지 않아도 되는 것이 아닙니다. 말씀은 절대적인 진리입니다. 말씀을 사랑하고 묵상하는 삶을 살아가십시오. 그러면 철을 따라 열매를 맺고, 잎사귀가 마르지 않으며, 하는 일이 형통할 뿐만 아니라, 여호와께서 인정하시는 복된 인생이 될 것입니다.

말씀을 더 가까이 끌어당기십시오. 그리고 매일, 매 순간 모든 결정에 말씀을 가져오십시오. 말씀이 앞서가게 하십시오. 말씀을 따라가면 승리할 것입니다. 말씀과 견줄 수 있는 것은 아무것도 없습니다. 말씀은 살아 있어 오늘도 역사합니다. 사람을 바꿉니다. 인생에 힘이 나게 합니다. 소망이 넘치게 합니다. 말씀이 우리를 승리의 길로 이끌어 줄 것입니다.

7장

: 하나님이 인정하시는 길

1 우리 모두는 인정 욕구가 있습니다. 나는 무엇으로 인정받기를 원하는지 솔직히 나눠 보십시오. 세속화된 사회, 반(反)하나님적인 문화 안에서 살고 있는 나는 하나님께 인정받기를 사모합니까, 아니면 다른 사람들로부터 인정받고자 하는 욕구가 더 큽니까?

2 하나님이 십자가를 통해 나를 구원하신 사건이 바로 우리를 향한 하나님의 인정하심입니다. 말씀은 우리를 십자가의 길로 인도합니다. 나는 어떤 상황에서도 십자가를 선택하기로 결단합니까?

3 하나님이 원하시는 삶을 살려고 노력하지만, 오히려 세상적으로 풀리지 않고 고난이 올 때가 있습니다. 그 순간 하나님은 "내가 너를 안다. 내가 너의 길을 인도할 것이다"라고 말씀하십니다. 하나님의 인정 때문에 고난의 파도를 넘은 경험이 있다면 나눠 보십시오.

part 2

묵상을 위한

가이드

묵상은
...

묵상은 갈망하는 것입니다.

무엇인가를 얻기 위해 묵상하는 것이 아닙니다.

하나님의 얼굴을 구하며 잠잠히 기다리는 것입니다.

기다림은 어렵습니다.

기다림의 과정에서 필요한 것은 침묵입니다.

독거와 침묵이 없으면 묵상은 뿌리를 내릴 수 없습니다.

기다림에는 보상이 주어집니다.

갈망함이 있다면 기다릴 수 있습니다.

갈망하는 자는 포기하지 않습니다.

갈망은 영혼 깊숙한 곳에서 일어나는 일입니다.

우리 시대, 갈망이 사라졌습니다.

사람들은 기다리지 않으려고 합니다.

무엇인가 다른 것을 찾아 헤매고 있습니다.

우리에게 필요한 것은 새로운 무엇이 아닙니다.

바로 묵상의 자리입니다.

잠잠히 그곳에서 시간을 보내는 머무름이 필요합니다.

그곳에서 신비와 경이,

영광의 눈부심에 사로잡히게 됩니다.

하나님이여 주는 나의 하나님이시라 내가 간절히 주를 찾되 물이 없

어 마르고 황폐한 땅에서 내 영혼이 주를 갈망하며 내 육체가 주를 앙

모하나이다 시 63:1

1장

묵상과 우선순위

한국 교회 교인은
마르다형?

복음서에 소개된 마르다와 마리아 자매의 이야기는 묵
상과 관련해 우리에게 시사하는 바가 큽니다. 그들은 신앙
의 길이 전혀 달랐습니다.

한국 교회 교인들의 신앙 형태는 마르다와 더 가까운 것
으로 보입니다. 주님을 향한 마르다의 섬김의 행위 자체가
나쁜 것은 아닙니다. 봉사형을 무조건 매도하려고 해서는
안 됩니다. 실천 없는 이론은 공허합니다. 말만 많은 세상
은 피곤합니다. 《하나님의 임재 연습》으로 알려진 로렌스

형제는 부엌에서 일을 하는 가운데 하나님과 친밀한 시간을 보냈습니다. 마르다의 활동에는 문제 될 것이 없습니다. 여기서 강조하는 것은 내적인 충만 없는 외적 활동은 곧 부실해질 수밖에 없다는 점입니다.

마르다는 분주하게 일하는 모습을 보였습니다. 그러나 마리아는 주님의 발치에 앉아 고요히 말씀을 듣고자 했습니다. 마르다는 여러 가지에 마음이 분산되어 다초점이었고, 마리아는 '한 가지'에 초점을 맞추었습니다. 마르다는 염려하고 불안정한 모습이었고, 마리아는 안정된 모습을 보였습니다. 마르다는 주님과 관련된 것에 관심을 쏟았고, 마리아는 주님께 관심을 가졌습니다. 마르다는 자신이 가진 힘을 쓰는 데 집중했고, 마리아는 자신이 가진 힘을 빼는 시간을 가졌습니다.

마르다는 요구하는 태도를 보였고, 마리아는 주님께 요구하는 것이 없었습니다. 마르다는 주님께 할 말이 많았고, 마리아는 주님께 들을 말씀이 많았습니다. 마르다는 입이 열려 있었고, 마리아는 귀가 열려 있었습니다. 마르다는 우선순위가 정해져 있지 않았고, 마리아는 우선순위가 정해져 있었습니다. 마르다는 자기 관점에 치우쳐 주님을 섬기고자 했고, 마리아는 주님의 관점에서 주님을 섬겼습니다.

중요한 것은 주님의 판정입니다. 주님은 마리아가 좋은 편을 택했다고 칭찬하셨습니다. 그러나 마르다는 책망을 받았습니다.

> 주께서 대답하여 이르시되 마르다야 마르다야 네가 많은 일로 염려하고 근심하나 몇 가지만 하든지 혹은 한 가지 만이라도 족하니라 마리아는 이 좋은 편을 택하였으니 빼 앗기지 아니하리라 하시니라 눅 10:41-42

신앙의 두 부류를 아주 잘 소개해 주는 이야기입니다. 봉사생활이 중요하지 않다는 뜻이 아닙니다. 마리아는 주님의 발치에만 앉아 있었던 사람이 아닙니다. 신앙의 초점, 우선순위가 중요합니다. 첫 단추를 잘 꿰어야 합니다. 우리는 신앙생활을 할 때 '얼마나' 열심인지가 아니라, '무엇에' 열심인지를 물어야 합니다.

마리아와 마르다의 모습에서 작은 차이가 아니라 큰 차이를 볼 수 있습니다. 세월이 흐를수록 더 큰 격차를 만들어 낼 것입니다. 마리아의 모습을 놓친 마르다적 봉사는 실패로 끝날 가능성이 높습니다. 겉으로는 활활 타오르지만 속이 비어 있으면 결과는 뻔합니다.

　　지금 한국 교회에는 기계적인 봉사, 무기력한 헌신, 생동감을 잃어버린 열심이 만연해 있습니다. 영적인 것 같아 보이는데 사실은 비영적인 활동이 너무 많습니다. 주님이 시키시지도 않은 일에 열심을 내는 데 문제가 있습니다. 먼저 주님의 발치에 앉아야 주님이 원하시는 것이 무엇인지 알 수 있습니다. 나의 결단이 중요한 것이 아니라, 주님의 의도가 중요합니다.

　　한국 교회 교인들의 열심은 세계적입니다. 싸우는 것도 열심입니다. 열심은 좋은데 투쟁적이고 경쟁적입니다. 봉사하는 자리에서 상처를 주고받는 일이 너무 많습니다. 봉사를 하긴 하는데 얼마 못 가서 영적 고갈을 호소하고, 결국은 희생자증후군에 빠져 버린 사람들이 많습니다. 봉사를 하지만 자기 흥으로 시작해 자기 흥으로 끝이 납니다. 주님과의 충분한 교제가 결여된 채 이루어지는 지나친 활동은 당연히 영적 탈진으로 이어지기 마련입니다. 채움이 없이 쏟아 내면 결과는 뻔합니다.

　　한두 번의 봉사가 아니라 지속적인 섬김이 중요합니다. 자아도취적인 봉사로 인해 자기 열심이 자기 의가 되지 않도록 주의해야 합니다. 남들에게 보이기 위한 봉사는 의미가 없습니다. 칭찬을 기대한 섬김은 오래가기 힘듭니다.

우리는 내가 원하는 봉사가 아니라 주님이 원하시는 섬김을 해야 합니다. 이를 위해서는 먼저 주님 앞에 엎드려야 합니다. 내가 무엇을 할지보다 내가 누구인지를 알아야 합니다. 그런 면에서 건강한 사역은 말씀과 기도가 균형 잡힌 기본기에서 출발해야 합니다.

지치지 않고
주의 일을 하는 비결

마리아는 묵상하는 여인이었습니다. 우리는 흔히 가만히 있는 것을 죄로 여기거나 게으름으로 취급합니다. 하지만 주님과 함께하는 시간을 가지려면 가만히 있어야 합니다. 멈추는 법을 배워야 묵상할 수 있습니다. 묵상은 힘을 주는 시간이 아니라 힘을 빼는 시간입니다. 드러내는 것이 아니라 숨는 경험이 묵상입니다. 겉으로 드러난 화려함보다 뿌리에 더 신경을 써야 합니다. 주님의 발치에 앉은 모습이 가장 제자다운 삶의 모습입니다.

헌신의 힘은 묵상에서 나옵니다. 하나님과의 깊은 교제에서 흘러나오는 헌신이어야 합니다. 하나님에게서 흘러나오지 않은 것에는 선한 것이 없습니다. 주님이 빠진 섬김은 즐거울 수가 없습니다. 원망과 불평으로 끝이 나고 맙니다. 주님의 발치에서 멀어지는 순간 사고가 납니다.

안식이 빠진 사역은 해피엔딩이 아닙니다. 주님은 우리를 몰아가지 않으십니다. 주님 안에서 안식을 누려야 진짜입니다.

> 나는 마음이 온유하고 겸손하니 나의 멍에를 메고 내게 배우라 그리하면 너희 마음이 쉼을 얻으리니 이는 내 멍에는 쉽고 내 짐은 가벼움이라 하시니라 마 11:29-30

우리는 오랫동안 지치지 않고 기쁨으로 주를 섬길 수 있는 힘을 마리아의 태도에서 얻을 수 있습니다. '한 가지'에 모든 것을 푸는 열쇠가 있습니다. 마리아는 한 가지에 집중함으로 주님의 칭찬을 받았습니다.

제자의 삶은 항상 주님을 응시하는 모습이어야 합니다. 주님에게서 흘러나오는 헌신의 힘으로 섬겨야 합니다. 주님의 발치에서 묵상이 깊어질 때 삶은 원기를 얻고 지속적인 영적 성숙이 가능해집니다.

1장

: 묵상과 우선순위

1 마르다처럼 내적 충만 없는 외적 활동으로 영적 소진을 경험한 적이 있습니까? 오늘 나는 주님과 '관련된 것'에 힘을 쏟았습니까, '주님께' 집중했습니까?

2 오랫동안 지치지 않고 기쁨으로 주를 섬길 수 있는 힘은 '한 가지 일'에 초점을 맞추는 것입니다. 나는 다초점입니까, 아니면 주님의 발치에 앉아 주님의 말씀을 듣는 한 가지 일에 초점을 맞추었습니까?

2장

묵상의 초점은
하나님

묵상에서 초점은 하나님입니다. 성부와 성자와 성령 하나님께 초점을 맞추어야 합니다. 묵상의 대상이신 하나님을 놓쳐선 안 됩니다. 묵상에서 가장 중요한 것은 하나님을 알아 가는 것입니다. 묵상을 할수록 하나님의 임재와 영광에 빠져듭니다. 말씀의 빛이 우리를 하나님께로 이끌어 들입니다.

묵상 본문을 통해서 하나님이 어떤 분이신지에 대해 관심을 가지는 것이 중요합니다. 하나님에 대한 신뢰는 하나님에 대한 지식에서 나옵니다. 믿음은 저절로 생기는 것이 아니라, 묵상을 통해서 하나님을 알아 가는 가운데 생기는 것입니다. 말씀에 대한 무지는 곧 하나님에 대한 무지와 같습니다. 하나님에 대한 무지는 우상 숭배로 이어집니다. 하나님이 누구신지 모르면 우상을 숭배하는 죄를 범할 수밖에 없습니다.

하나님이 누구신지를 알아 가면 내가 누구인지, 어떻게 살아야 하는지를 알게 됩니다. 하나님을 알기 전에 나의 삶은 혼란 그 자체입니다. 내가 누구인지 모르기 때문에 어떻게 살아야 하는지를 알 수 없습니다. 하찮은 것들에 매여 일생을 낭비하고 나이가 들어도 유치한 인생을 사는 이유는 내가 누구인지, 존재론적 발견을 하지 못했기 때문입니다.

나라는 존재는 하나님 안에서만 발견할 수 있습니다. 하나님의 말씀을 통해서 알 수 있습니다. 하나님은 말씀을 통해 당신 스스로를 계시하셨습니다. 그러므로 당연히 묵상은 하나님의 성품과 속성 혹은 하나님의 뜻을 아는 것에 초점을 맞추어야 합니다.

하나님께 초점을 맞춘

묵상의 예

아브라함의 소명이 기록된 창세기 12장 1-4절을 본문으로 묵상의 예를 들어 보겠습니다.

> 여호와께서 아브람에게 이르시되 너는 너의 고향과 친척과 아버지의 집을 떠나 내가 네게 보여 줄 땅으로 가라 내가 너로 큰 민족을 이루고 네게 복을 주어 네 이름을 창대하게 하리니 너는 복이 될지라 너를 축복하는 자에게는 내가 복을 내리고 너를 저주하는 자에게는 내가 저주하리니 땅의 모든 족속이 너로 말미암아 복을 얻을 것이라 하신지라 이에 아브람이 여호와의 말씀을 따라갔고 롯도 그와 함께 갔으며 아브람이 하란을 떠날 때에 칠십오 세였더라 창 12:1-4

본문에서 하나님이 누구신지를 살펴보아야 합니다. "여호와께서 아브람에게 이르시되"라는 말씀에서 아브라함이라는 한 개인에게 말씀하시는 하나님, 고향과 친척과 아버지의 집을 떠나라고 지시하시는 하나님, 말씀을 통해 명령하시는 하나님, 언약을 맺으시는 하나님, 복을 약속하시는 하나님 등 많은 하나님을 찾을 수 있습니다.

질문하고 나의 삶에 적용점을 찾으라

본문의 적용은 '말씀하시는 하나님'을 개인의 삶과 연결하는 것입니다. '오늘 나는 하나님의 말씀을 듣고 있는가? 어떻게 듣고 있는가? 하나님의 인도를 어떻게 받아들이고 있는가?' 아브라함의 반응을 통해서 적용점을 찾을 수 있습니다. "이에 아브람이 여호와의 말씀을 따라갔고"라는 말씀에서 볼 수 있듯이, 아브라함은 하나님의 말씀을 따라갔습니다. 그렇다면 말씀을 따라간다는 것이 오늘날 무슨 의미인지 질문해 보아야 합니다. 아브라함의 적용을 자신의 적용으로 연결시켜야 합니다.

지금은 직접적인 계시의 방식을 따르는 것이 아니라 "이미 기록된 말씀을 매일 묵상함으로 하나님의 말씀을 따라 살아가야 한다"는 것으로 개인 적용을 하면 자연스러울 수 있습니다. 최근에 어떤 일을 결정할 때 말씀의 인도를 받았는지 살펴보고, 말씀의 인도를 받지 않고 결정해 실패한 적이 있다면 하나님께 용서를 구하는 것으로 적용할 수도 있습니다. 각자의 상황이나 처지에 따라 적용이 다를 것입니다. 하나님은 상황에 따라 말씀하십니다.

또 하나님이 아브라함에게 떠나라고 명령하신 대목에서 묵상이 필요합니다. '익숙하고 안정감을 주는 환경에서 떠나라고 하시는 이유가 무엇인가? 아브라함은 어떻게 순종할 수 있었을까? 바로 앞 장인 바벨탑 사건과는 어떤 연관이 있는가?' 등 계속 질문해 보아야 합니다. 오늘 나의 삶에 어떻게 적용할 수 있는지 점검해야 합니다.

묵상의 맥은 하나님이 누구신지를 찾는 것이다

묵상에서 중요한 것은 단순히 본문에 기록된 아브라함의 행위를 나에게 연결시켜 성급한 적용을 하기보다 하나님이 누구신가를 아는 데 시간을 많이 보내야 한다는 것입니다. 하나님이 누구신지를 놓치면 지엽적인 부분에 치우쳐 미궁에 빠지고 맙니다. 하나님이 누구신지 모르는 가운데 우리의 결단만 있다면 오래가지 않아 묵상은 겉돌게 될 것입니다.

우리는 본문 이하에 이어지는 창세기 12-22장에서 아브라함이 하나님의 인도를 따라가다가 여러 시행착오를 거치면서 하나님이 누구신지 알아 가는 과정을 엿볼 수 있습니다. 하나님이 아브라함을 어떻게 이끌어 가셨는지도 배울 수 있습니다. 매일 묵상을 통해서 하나님을 알아 가는 과정을 배울 수 있습니다. 묵상을 통해 하나님과 교제하는 가운데 하나님에 대한 신뢰가 깊어지고 믿음이 견고해지는 은혜를 입을 수 있습니다.

우리는 성경 전체를 통해서 하나님이 누구신지를 알아가는 가운데 내가 어떻게 살아야 하는지에 대한 답을 얻습니다. 하나님이 나를 얼마나 지극히 사랑하시는 분인지를 알게 되면 자연히 내 것을 포기하게 됩니다. 하나님이 얼마나 풍성하신 분인지를 알게 되면 내가 집착하고 있던 것을 내려놓을 수 있는 용기가 생깁니다. 보호하시는 하나님을 만나면 불안과 염려를 극복하고 마음의 평안을 누리게 됩니다. 거룩하신 하나님을 알아 갈수록 은밀한 죄들이 드러나고 구체적인 회개의 경험을 하게 됩니다.

하나님을 알아 갈수록 하나님의 뜻이 명료해지고, 우리의 삶에 대한 목적도 분명해집니다. 묵상은 하나님의 뜻과 일치하도록 우리를 이끌어 줍니다. 그때 하나님과 일치된 삶이 이루어지고, 삶의 혼란이 줄어들고, 분별력이 생깁니다.

묵상의 절정은
예배다

하나님이 누구신가에 대해 묵상이 깊어지면서 하나님에

대한 경외심이 일어날 때 그 자리가 예배의 자리가 될 수 있습니다. 묵상이 깊어지면 하나님의 임재를 느끼게 되고, 하나님이 임재하시는 바로 그 자리가 예배의 자리로 바뀝니다.

묵상은 말씀 한 구절, 한 구절에 집중하며 적용점을 찾는 것이기도 하지만, 더 중요한 것은 하나님의 영광에 압도당한 채 찬양과 경배로 마무리하는 것입니다. 묵상의 절정은 예배가 되어야 합니다. 성령께서 우리의 눈을 덮고 있는 비늘을 벗겨 주심으로 말씀의 빛을 보게 될 때 하나님을 더욱 경외하게 됩니다. 하나님에 대한 찬양과 감사는 묵상에서 매우 중요한 부분입니다. 어느 날은 적용으로 나아가지 않고 하나님을 충분히 찬양하는 것만으로 묵상의 시간을 보낼 수도 있습니다.

묵상의 초점은 하나님이라는 사실을 잊으면 안 됩니다. 하나님을 놓치면 묵상은 오리무중이 됩니다. 하나님에 대한 갈망이 깊어져야 묵상이 제 길을 가고 있는 것입니다. 묵상은 하나님을 알아 가는 여행입니다. 하나님께 빠져드는 것입니다. 하나님으로 즐거워하며 하나님과 하나 되는 것이 묵상입니다.

2장

: 묵상의 초점

1 묵상의 초점은 하나님이셔야 하며, 묵상의 맥은 하나님이 누구신지를 찾는 과정입니다. 말씀을 묵상할 때 나의 시선은 어디를 향해 있습니까? 나 자신과 나를 둘러싼 문제들입니까, 아니면 하나님 한 분입니까?

2 묵상이 깊어지면 하나님의 임재가 느껴지고, 하나님을 향한 경외심이 생기며, 그 자리가 예배의 자리가 됩니다. 하나님에 대한 갈망이 깊어지는 묵상의 절정을 경험해 본 적이 있다면 나눠 보십시오.

3장

묵상의 능력은
하나님의 생각과 일치를 이루는 것

> 육신을 따르는 자는 육신의 일을, 영을 따르는 자는 영의
> 일을 생각하나니 롬 8:5

생각이 중요합니다. 무엇을 생각하느냐가 인생을 결정하기 때문입니다. 묵상은 생각하는 것입니다. 그러나 단지 생각만 하면 공상이 되고, 공상이 길어지면 망상이 됩니다. 생각에는 재료가 필요합니다. 생각을 위한 최고의 재료는

말씀입니다.

신자에게는 사색이 필요합니다. 사색이 없는 신앙은 언젠가 공허해집니다. 한국 교회의 반지성주의 경향은 요란한 외적 활동만 강조하는 신앙적인 흐름과 무관하지 않습니다. 그렇다고 지성주의로 흘러 말씀이 도외시되고 인간의 지성이 주인이 된 흐름 역시 경계해야 합니다. 묵상이 있는 삶은 균형 잡힌 삶을 의미합니다.

신자의 사색은 동양 종교에서 말하는 신비로운 명상과는 다릅니다. 신자는 하나님의 말씀 안에서 사색해야 합니다. 생각의 힘은 말씀 묵상이 깊어질 때 찾아옵니다. 말씀 안에서 생각이 깊어질 때 깨달음이 옵니다. 말씀 안에서 얻는 깨달음은 하나님 안에서의 새로운 발견입니다. 깨달음이 깊어질 때 나의 마음과 하나님이 연결됩니다. 그것은 하나님의 생각과 합일을 이루는 경험입니다.

묵상이 망상으로 끝나지 않으려면 말씀을 끈질기게 붙들어야 합니다. 말씀에서 멀어지면 묵상은 공허한 인간의 궤변으로 끝나게 됩니다. 살아 있는 말씀이 내 영혼의 깊은 곳까지 밀고 들어오는 것이 느껴지는 단계까지 가야 합니다. 진리의 공명 현상이 내 영혼 깊숙이에서 일어나는 것이 묵상입니다. 묵상은 경험하는 것입니다. 묵상은 말씀의 바깥에서 배회하는 것이 아니라 말씀 안으로 들어가는 것입니다. 말씀의 초입에서 서성거리다가 끝나는 것이 아니라 말씀의 바다에 자신을 풍덩 빠뜨리는 것입니다. 말씀에 대한 가벼운 이해로는 아무 일도 일어나지 않습니다.

말씀을 분석하는 것으로 마치면 안 됩니다. 말씀에 수긍하는 정도로는 묵상이라 할 수 없습니다. 말씀을 단순히 문자에 대한 인식으로가 아니라 하나님의 살아 있는 음성으로 들어야 합니다. 언어의 세계 너머에 계시는 하나님과의 깊은 만남이 육감으로 이루어져야 합니다. 말씀은 곧 하나님 자신입니다. 말씀은 우리에게 찾아오신 인격입니다. 묵상을 할수록 말씀이 우리의 인격으로 자리 잡게 됩니다. 묵상은 하나님과의 내밀하고 뭉클한 만남으로 연결되어야 합니다.

묵상은 영적 전사로
성장시킨다

묵상은 능력입니다. 묵상을 통해서 주어지는 축복은 하나님과 하나 됨입니다. 말씀으로 우리 안에서 죄가 분리되어 나갑니다. 묵상이 깊어지면 하나님의 임재로 가득해집니다. 말씀이 곧 하나님이시기 때문입니다. 우리는 하나님의 임재 안에서 그분이 기뻐하시는 것이 무엇인지 알게 됩니다. 묵상을 통해 하나님과 보조를 맞추며 걷는 법을 자연스럽게 배우게 됩니다.

묵상을 통해 나와 하나님은 영적 연합을 이룹니다. 하나님과의 결속감은 친밀함으로 발전합니다. 하나님과 나를 분리시킬 수 없는 단계가 되면 그때부터 우리 안에 말씀의 능력이 표출됩니다.

예수님은 40일 금식 후 마귀가 시험을 걸어올 때 "기록되었으되"라는 말씀으로 승리하셨습니다. 말씀을 단순 인용하신 것이 아닙니다. 이미 주님은 말씀과 하나 되신 상태였습니다. 주님과 분리되지 않은 말씀은 능력 그 자체입니다. 그 말씀은 주님이 묵상해 오신 뿌리 깊은 말씀이었습니다. 주님과 말씀이 분리시킬 수 없을 만큼 깊이 결속된 상태임을 마귀가 증명해 준 것입니다. 말씀의 능력을 충분히 입증한 사건입니다.

평소에 말씀을 깊이 묵상하는 것은 승리하는 삶의 비결입니다. 시험은 예기치 않은 순간에 찾아옵니다. 일상에서 갖가지 유혹이 밀려올 때 말씀의 능력이 진면목을 발휘할 수 있어야 합니다.

바울은 "구원의 투구와 성령의 검 곧 하나님의 말씀을

가지라"(엡 6:17)고 말했습니다. 말씀은 공격용 무기입니다. 신자가 세상과 싸워 이길 수 있는 첨단의 무기가 바로 말씀입니다. 말씀 묵상을 하지 않고 살아간다면 전쟁 중에 무장 해제한 것이나 다름없습니다.

신자가 치러야 하는 전쟁은 진리 전쟁입니다. 말씀 묵상을 지속적으로 하다 보면 어느 순간 영적 전사로서의 면모가 드러나게 되어 있습니다. 묵상의 삶이 쌓여 가면 내가 의도하지 않아도 하나님 안에 있는 영광의 빛이 나를 통해서 드러납니다. 말씀의 권위가 나를 지키고 마귀를 이기게 합니다. 묵상은 우리의 삶에 큰 능력이 됩니다.

묵상을 두려워하거나 어렵게 생각하지 마십시오. 말씀을 품에 안고 하나님과 함께 시간을 보내는 즐거움이 일상의 행복이 될 때 우리의 신앙은 빛 가운데 인도를 받게 될 것입니다. 묵상은 풍성한 식탁이 차려진 잔치 자리에 앉는 것과 같습니다. 묵상은 감각적이고 말초적인 즐거움과는 다른 차원의 기쁨을 줍니다. 묵상은 영혼에 힘을 불어넣습니다. 말씀의 향연으로 영혼의 부를 쌓으면 어떤 상황에서도 위축되지 않습니다.

말씀은 영혼이 춤추게 합니다. 상처를 싸매며 위로해 줍니다. 세상을 이기는 능력이 말씀에서 흘러나옵니다.

3장

: 묵상의 능력

1 사람은 하루에 6만 번의 생각을 한다고 합니다. 수많은 생
각 중 말씀 안에서 길어 올린 생각은 얼마나 된다고 생각합
니까?

2 말씀은 능력이요, 세상과의 진리 전쟁에서 싸워 이길 수 있
는 첨단 무기입니다. 그래서 암송이 중요합니다. 말씀으로
싸워 승리한 경험이 있다면 나눠 보십시오.

4장

묵
상
의
습
관

하나님 앞에 머무는
습관

신자의 삶에서 우선순위는 말씀 묵상이어야 합니다. 하나님의 말씀 앞에 머물러 있는 것은 영광스러운 일입니다. 삶의 우선순위가 중요합니다. C. S. 루이스는 《피고석의 하나님》에서 "우선순위를 뒤집으면 안 됩니다. 일차적인 것을 먼저 해야 이차적인 것을 얻을 수 있습니다"라고 말했습니다. 우선순위를 놓치면 일차적인 것은 물론 이차적인 것도 잃어버리게 됩니다.

삶 속에서 말씀 묵상을 지속적으로 실천하려면 우선순

위의 원칙을 굳게 붙들어야 합니다. 묵상을 통한 하나님과의 교제보다 우선 되는 것은 없습니다. 하나님과의 일대일 교제는 모든 일을 가능하게 하는 원천입니다. 우선순위를 놓치면 대가 지불이 클 수밖에 없습니다.

말씀 묵상이 일상화되기 위해서는 훈련해야 합니다. 흔히 사람들은 말씀 묵상의 중요성을 알기는 하지만 익숙하지 않아 도전을 받아도 도중하차하고 맙니다. 몸에 배이지 않은 것은 아직 내 것이라 할 수 없습니다. 말씀을 따라 살고 싶다는 마음만으로는 안 되고, 그 마음을 따라 행동할 수 있는 몸이 되도록 훈련해야 합니다. 훈련을 통해서 말씀 묵상이라는 좋은 영적 습관이 자리 잡게 됩니다. 묵상이 습관이 되면 그때 비로소 삶의 풍성함을 경험할 수 있습니다.

켄 가이어는 《묵상하는 삶》에서 묵상하는 세 가지 마음의 습관을 소개합니다. '순간을 읽는 것', '순간을 묵상하는 것', '순간에 반응하는 것.' 그는 말씀을 읽되 묵상을 하지 않으면 "진수성찬이 차려진 식탁에 앉아 음식을 쳐다만 보고 먹지 않는 것과 같다. 말씀을 묵상하되 기도로 반응하지 않으면 음식을 씹기만 하고 삼키지 않는 것과 같다"고 했습니다.

묵상은 밥을 먹는 습관과 같습니다. 일상의 습관으로 바뛰야 합니다. 거룩한 습관이 삶을 바꾸고, 좋은 습관이 좋은 인생을 만듭니다. 좋은 영적 습관을 가진 신자인가, 아닌가에 따라 모든 것이 달라집니다. 아직 영적 습관이 잡히지 않았다면 모든 것이 불확실하며, 미래를 보장하기 어렵습니다.

예수님은 영적 습관을 가지고 계셨습니다.

> 예수께서 나가사 습관을 따라 감람산에 가시매 제자들도
> 따라갔더니 눅 22:39

예수님이 이른 새벽에 습관을 따라 산에 오르신 것은 공생애의 원동력이 되었습니다. 주님은 매우 바쁜 삶을 사셨습니다. 그럼에도 거룩한 영적 습관인 하나님과 교제하는 시간을 놓치지 않으셨습니다. 성실하신 주님은 영적 집중력을 놓치지 않으셨습니다. 자신의 삶에 대해 절제하고 불필요한 것들을 가지치기하셨던 것이 분명합니다. 해야 할 일과 하지 않아도 될 일, 급한 일과 중요한 일을 구분하셨습니다.

아침에 일어나면 자동적으로 말씀 앞에서 시간을 보내야 합니다. 첫 시간이 중요합니다. 가능하다면 구별된 공간

이면 더욱 좋습니다. 가장 좋은 시간과 장소를 정하고 하나
님을 만난다면 최상의 선택입니다. 묵상이 내면의 세계를
비옥하게 해 주는 통로가 되도록 하기 위해서는 방해물을
제거해야 합니다.

분주함은
우상 숭배다

영적 집중력은 첫 단추를 바로 끼우는 것에서 출발합니
다. 영적 집중력을 놓치면 신앙은 길을 잃기 쉽습니다. 세
속 사회는 우리가 무엇인가에 빠져들도록 끊임없이 몰아가
는 폭력성이 있습니다. 집중력을 잃으면 다초점이 되고, 다
초점이 되면 피로도가 높아집니다. 두 마리의 토끼는 잡을
수 없습니다. 영적 습관이 잡히지 않으면 수시로 끼어드는
침입자들의 농간에 놀아날 수밖에 없습니다.

많은 것을 추구하지만 정작 손에 쥐어지는 것은 하나도
없도록 만드는, 과잉 생산과 과잉 활동을 조장하는 시대에
속지 마십시오. 수고는 하지만 얻은 것이 없는 인생이 되지
않으려면 영적으로 비밀한 시간을 반드시 가져야 합니다.

주님은 종종 숨으셨습니다. 주님은 삶을 단순하게 만드

는 법을 잘 알고 계셨습니다. 사막의 교부들 역시 단순한 삶을 살았습니다. 그들이 물질을 버린 이유는 하나님을 향한 단순성에만 초점을 맞추는 법을 배우기 위해서였습니다. 말을 버리고 침묵한 이유는 긍휼을 배우기 위해서였고, 활동을 버린 이유는 조용히 기도하는 법을 배우기 위해서였습니다.

현대 그리스도인들은 너무 바쁩니다. 주님이 시키시지도 않은 일을 하느라 분주합니다. 말씀 묵상을 하지 못할 정도로 바쁘다면 바쁜 것이 아니라 나쁜 것이라 할 수 있습니다. 우리는 분주함과 싸워야 합니다. 우리가 분주한 이유는 하나님과 함께하는 중심성을 잃어버렸기 때문입니다. 이는 뿌리 없는 인생입니다.

분주함은 쫓기는 삶입니다. 쫓기는 사람은 유능한 인생이 아니라 별 볼 일 없는 인생입니다. 분주한 삶은 어디론가 내몰린 인생이요, 방향 없는 인생입니다. 분주한 삶은 과욕의 삶입니다. 그것은 우상 숭배에 가깝습니다. 욕망의 포로가 된 상태입니다. 지극히 단순한 삶으로 돌아가십시오.

경건은
훈련이다

깊은 묵상은 하루아침에 저절로 이루어지지 않습니다. 아무리 바빠도 매일 말씀 앞에 서야 합니다. 아침에 경건의 시간을 가지십시오. 경건한 삶을 몸에 익히려면 훈련해야 합니다. 대가를 지불해야 합니다. 자기포기와 절제, 각종 유혹에서 탈출을 시도해야 합니다. 불필요한 것들을 내려놓는 훈련, 항상 삶을 가볍게 만드는 법을 순간순간 익혀 가는 작업이 바로 신앙의 길입니다.

실패하더라도 다시 시작하면 됩니다. 묵상의 삶을 포기하지 않는 것이 중요합니다. 완전히 익숙해질 때까지 다시 일어나십시오. 말씀을 늘 가까이하십시오. 항상 손에 성경이 들려 있어야 합니다. 밥을 먹듯이, 호흡을 하듯이 말씀 묵상을 포기하지 않는 일상을 사는 것이 그리스도인의 삶의 방식입니다.

4장

: 묵상의 습관

1 우선순위를 놓치면 일차적인 것은 물론 이차적인 것도 잃어
버리게 됩니다. 묵상을 통한 하나님과의 교제보다 우선 되는
것은 없습니다. 우선순위를 놓쳐서 혹독한 대가를 치른 적이
있다면 나눠 보십시오.

2 너무 분주한 삶을 살아가고 있다면, 그 이유가 무엇이라고
생각합니까? 예수님처럼 하나님을 향한 단순성에 초점을 맞
추기 위해 내 인생에서 가지치기가 필요한 영역은 무엇입니
까? 무엇을 해야 하고, 무엇을 하지 않아도 됩니까? 급한 일
과 중요한 일은 무엇입니까?

5장

묵
상
의
기
술

　묵상은 배워야 합니다. 묵상을 하고자 하는 의욕만으로
는 한계가 있습니다. 묵상은 거룩한 기술입니다. 묵상의 시
간을 갖겠다고 결단하지만 얼마 못 가 중단해 버리는 사람
들이 많습니다. 묵상을 위해서는 기본적인 훈련이 필요합
니다. 이미 알려진 묵상법들이 있습니다. 어느 정도 정한
틀 안에서 훈련을 받는 것이 좋습니다. 그 후에는 각자에게
맞는 방법을 찾으면 됩니다.

기도하기

묵상을 할 때는 반드시 기도로 시작해야 합니다. 성령의 도우심을 구하는 기도입니다. 내가 말씀을 쪼개고, 분석하고, 해석하는 것이 아니라 성령의 도우심으로 말씀의 세계가 열려야 합니다. 내가 머리를 싸매고 풀어 가는 것이 아니라 성령께 전적으로 의존하며 묵상해야 합니다. 내가 보는 것과 성령께서 보여 주시는 것은 전혀 차원이 다릅니다.

자신의 머리만 믿고 지성적으로 접근하면 말씀이 열리지 않습니다. 성령께서 눈을 열어 주시지 않으면 계시의 말씀은 우리에게 미지의 세계로 남습니다.

> 우리가 이것을 말하거니와 사람의 지혜가 가르친 말로 아니하고 오직 성령께서 가르치신 것으로 하니 영적인 일은 영적인 것으로 분별하느니라 고전 2:13

자칫하면 성경을 대할 때 내가 듣고자 하는 말씀을 듣고 내 생각을 강화하는 등 아전인수격으로 보기 쉽습니다. 이기적이고 탐욕으로 가득한 우리의 자아를 내려놓고 온전히 하나님의 말씀에만 귀를 기울이려면 성령의 도우심을 구하는 기도를 가장 먼저 해야 합니다. 성령은 최고의 교사이십니다. 그러므로 묵상의 기본적인 태도는 겸손입니다. 나의 지식과 노력으로 하나님의 말씀을 알 수 있다는 자만심을 내려놓고 성령의 도우심을 구하는 태도를 유지하며 말씀을 대해야 합니다.

성경 읽기

읽는 것은 매우 중요합니다. 말씀을 눈으로 읽되 천천히 정독해야 합니다. 처음부터 성경이 한눈에 들어오지는 않습니다. 여러 번 반복해서 읽어야 합니다. 맛있는 음식을 음미하듯이 읽어야 합니다. 읽는 가운데 잠깐잠깐 멈추는 것도 좋습니다. 읽고 또 읽는 것에서 묵상이 시작됩니다.

읽되 주의해서 읽는 것이 좋습니다. 성경을 읽을 때 마음이 급하면 안 됩니다. 편안한 마음으로 읽기만 해도 하나님이 주시는 은혜가 있습니다. 처음에는 눈으로 읽지만, 조금 지나면 마음으로 읽게 됩니다. 처음에는 내가 읽지만, 어느 순간 말씀이 내게로 오는 것이 느껴집니다. 읽는 가운데 말씀에 빨려 들어가는 순간을 경험하게 될 것입니다. 내가 성경을 주목하는 것이 아니라, 성경이 나를 주목하고 있음을 느끼게 될 것입니다. 성경을 읽다 보면 성경에서 가슴에 와 닿는 단어들, 어떤 구절들이 이미 나의 영혼을 움직이고 있는 것을 감지하게 될 것입니다.

때로는 성경을 입으로 읽고, 귀로 듣고, 가슴으로 느낄 수 있어야 합니다. 시편의 시를 대할 때는 운율을 살려 읽으면서 시를 통해서 밀려오는 감성적인 터치를 경험해 보는 것도 좋습니다. 읽는 행위는 성경 안으로 서서히 들어가는 일입니다.

관찰하기

성경 본문을 좀 더 예리하게 보아야 합니다. 건성으로 지나가서는 안 됩니다. 성경은 서로 연결되어 있습니다. 부분만 보고 속단하면 안 됩니다. 전체 줄거리를 이해하지 않고 섣불리 접근하면 잘못된 묵상으로 빠지게 됩니다. 숲과 나무를 동시에 보아야 합니다. 전후 문맥을 파악해야 합니다. 반복되는 단어들, 동사들도 유심히 살펴보아야 합니다. 동일한 말씀이라 할지라도 자신의 관심사에 따라, 훈련의 유무에 따라 달리 보일 수 있습니다. 얼마나 정확히, 깊이 보느냐에 따라 묵상이 달라질 수 있습니다.

어려운 부분은 성경을 이해하는 데 도움이 되는 책을 참

조할 수 있습니다. 그러나 묵상의 단계에서 너무 참고도서에 의존하는 것은 방해가 될 수 있습니다. 이를 위해 평소에 성경 공부를 하는 것이 좋습니다. 성경 연구를 통해서 성경에 대한 기본적인 지식과 이해력을 가질수록 더 깊은 묵상이 가능합니다. 성경 공부는 묵상의 깊이를 더하기 위해 필요한 일입니다. 깊이 있는 관찰은 성경을 보는 안목을 기르는 것과 연결되어 있습니다.

질문하기

질문을 적절하게 잘하는 것은 묵상에 큰 도움이 됩니다. 질문을 잘하는 것이 묵상의 실력입니다. 묵상은 하나님과 대화하는 것입니다. 대화는 쌍방적입니다. 대화를 하려면 질문을 잘해야 합니다. 말씀을 들여다보고 있으면 자연스럽게 질문이 생깁니다. 왜, 언제, 누가, 무엇을, 어떻게, 얼마나 등에 대해서 질문을 해 보십시오.

질문을 했다면 기다려야 합니다. 기다릴 때는 눈을 감고 있기보다는 눈을 뜨고 본문 말씀을 보십시오. 본문 말씀 안에서 답을 얻는 태도를 가지는 것이 좋습니다. 말씀 안에서 질문하고, 말씀 안에서 답을 얻는 훈련을 해야 합니다. 기다림이 참 중요합니다. 기다릴 줄 모르면 묵상을 할 수 없습니다. 말씀 앞에 머물러 있는 것은 묵상의 중요한 과정입니다.

질문을 하고 금방 답이 주어지지 않는다고 성경을 덮어버리면 안 됩니다. 때로는 하루 종일, 혹은 며칠 동안 계속 질문을 가지고 있으면 하나님이 반드시 답을 해 주십니다. 매일 묵상의 삶을 살아간다면 하나님이 어느 날 묵상의 시간에 답을 주실 것입니다.

상상하기

리처드 포스터는 《기도》에서 "상상은 우리의 생각을 고정시키고 우리의 주의를 집중시키는 데 도움이 된다"고 말했습니다. 말씀을 묵상하다 보면 상상이 일어납니다. 거룩한 상상력을 사용하는 것은 믿음의 날개를 펴는 데 도움이 됩니다. 성경을 묵상하다 보면 우리의 상상에 불이 붙는 경험을 하게 됩니다. 하나님은 우리에게 상상력이라는 선물을 주셨습니다. 비록 죄로 망가지긴 했지만 상상력은 여전히 우리 안에 남아 있습니다.

시편 23편을 읽다 보면 상상의 날개가 펴집니다. 탕자의 비유를 읽다 보면 저절로 상상하게 됩니다. 엠마오로 가던 두 제자의 이야기에서도 상상이 펼쳐집니다. 주님이 베드로의 배에 오르시고 "깊은 데로 가서 그물을 내려 고기를 잡으라"(눅 5:4)고 말씀하시는 장면도 상상력을 동원하면 마치 내가 그 배에 함께 타고 있는 듯한 느낌을 안겨 줍니다. 요한계시록은 놀라운 상상의 세계로 우리를 안내합니다.

이처럼 상상은 좀 더 현실적이고 구체적인 세계로 우리를 이끌어 줍니다. 상상을 하면 내가 말씀 안으로 들어가는 것 같습니다. 말씀에 푹 빠져들게 하는 것이 상상력의 역할입니다. 상상력을 기르는 것은 묵상에서 매우 귀중한 영역입니다.

기록하기

묵상 노트를 활용하는 것이 좋습니다. 기록의 힘이 있습니다. 묵상을 기록하면 본문이 주는 메시지가 더 분명해집니다. 묵상을 기록하다 보면 기록이 묵상을 도와주는 경험을 하게 됩니다. 기록하는 가운데 묵상에 불이 붙는 경우가 많습니다.

묵상을 기록한 노트는 영성 일기와도 같습니다. 기록이 공식적일 필요는 없습니다. 묵상을 자유롭게 기록하면 됩니다. 기록한 내용을 며칠 지나 다시 읽어 보면 기억이 재생될 뿐만 아니라, 자신이 놓치고 있는 것을 다시 결단하는 기회를 얻을 수 있습니다. 과거의 기록들을 통해 자신의 삶에 일어난 변화를 살펴볼 수 있다는 유익도 있습니다. 묵상을 기록한 노트가 쌓일 때 신앙의 경륜도 쌓여 갑니다.

적용하기

적용은 묵상의 열매입니다. 좋은 묵상은 좋은 적용으로 끝이 납니다. 따라야 할 모범, 경계해야 할 상황, 회개할 죄 등 적용할 것이 많습니다. 그러나 적용은 어려운 부분 중 하나입니다. 대개는 적용에서 실패합니다.

적용은 구체적이어야 합니다. 두루뭉술하게 넘어가면 얼마 못 가서 묵상이 공허해집니다. 무엇을, 어떻게, 얼마나, 언제 등에 대해 하나하나 적용해야 합니다. 구체적이지 않으면 순종하지 않을 가능성이 높습니다. 예를 들어, 말씀 묵상의 중요성을 깨달았다면 묵상의 시간과 장소를 구체적으로 정하는 등 당장 실천에 옮겨야 합니다. 오늘의 적용이 되어야 합니다. 오늘 바로 사는 것이 잘 사는 것입니다. "언젠가는 하겠다"는 말은 "안 하겠다"는 말과 같습니다.

묵상을 통해 은혜가 넘친다고 해서 과욕은 금물입니다. 너무 많은 적용은 실현 불가능합니다. 지금 가능한 적용으로 한두 가지 정도가 좋습니다. 너무 많은 적용이나 비약적인 적용을 하지 않도록 조심하십시오.

주의해야 할 점이 하나 더 있습니다. 사람들이 말씀 묵상에서 가장 많이 저지르는 실수는 말씀을 다른 사람에게 적용하는 것입니다. 죄인은 다른 사람의 허물을 보려는 특성을 가지고 있습니다. 말씀은 자기 자신에게 적용해야 합니다. 남들을 끌어들이지 않도록 주의하십시오. 다른 사람의 죄에 대해서 눈이 밝아지는 것이 아니라 자신의 죄가 보여야 합니다. 자신의 삶에 비추는 것으로 적용을 마무리하십시오. 말씀을 적용할 때는 항상 '나에게 주시는 말씀'을 찾아야지, '우리에게 주시는 말씀'을 찾아서는 안 됩니다.

마무리 기도하기

묵상의 마무리 역시 기도입니다. 기도하는 가운데 말씀을 심화하는 작업이 일어납니다. 받은 말씀을 가지고 기도의 자리로 나아가야 합니다.

간혹 기도가 말씀과 상관없을 때가 있습니다. 말씀과 연

결되지 않은 기도는 자기 넋두리가 될 때가 많습니다. 말씀
이 빠진 기도는 오래가지 않아 공허한 메아리가 될 수 있습
니다. 기도에 우선 되는 것이 말씀을 듣는 일입니다. 말씀을
잘 들으면 저절로 기도가 됩니다.

묵상을 하다 보면 말씀 안에서 기도 제목이 생깁니다.
또한 묵상하는 가운데 힘든 삶에 대한 솔직한 고백, 말씀을
통해 비로소 깨닫게 된 감사, 혹은 드러난 죄에 대한 회개,
말씀을 통해서 새롭게 하게 된 삶의 결단 등이 일어납니다.
우리는 그 기도 제목, 고백, 감사, 회개, 결단을 들고 하나님
께 아뢰는 시간을 가져야 합니다. 말씀과 기도가 연결되면
강력해집니다. 말씀으로 기도할 때 가장 힘이 넘칩니다.

5장

: 묵상의 기술

1 기본적인 묵상법은 기도하기–성경 읽기–관찰하기–질문하기–상상하기–기록하기–적용하기–마무리 기도하기 등의 순서로 이루어집니다. 나만의 묵상법이 있다면 서로 나눠 보십시오.

2 묵상의 과정 중에서 나에게 가장 쉬운 부분과 가장 어려운 부분이 무엇인지, 그 이유가 무엇인지 이야기해 보십시오. 가장 어려운 부분을 보완해 더 깊이 있는 묵상의 삶을 살기 위해서는 어떻게 해야 합니까?

6장

묵상과 삶의 변화

묵상은

변화를 일으킨다

말씀 묵상은 그리스도인의 기쁨입니다. 말씀을 묵상하면서 누리는 즐거움보다 더 큰 즐거움은 없습니다. 말씀 안에서 나를 발견하고, 하나님의 음성을 들으며, 삶의 변화를 경험할 때 주어지는 기쁨은 최상입니다. 묵상은 변화를 수반합니다. 묵상은 하나님을 만나는 일입니다. 하나님을 만나면 당연히 변화가 일어납니다. 만약 묵상의 삶을 사는데 변화가 일어나지 않는다면 분명히 문제가 있습니다.

말씀 묵상을 계속하다 보면 정체되는 분위기를 느낄 때

가 있습니다. 말씀 묵상을 머리로만 반복할 때 일어나는 증
상입니다. 묵상은 연구와 다릅니다. 실천이 없는 말씀 묵상
은 곧 한계에 부딪히고 맙니다. 묵상을 위한 묵상은 무의미
합니다. 삶의 변화가 일어나는 묵상이라야 생명력이 넘치
는 묵상생활을 지속할 수 있습니다.

묵상은 씨를 뿌리는 것과 같습니다. 예수님은 씨 뿌리는
자의 비유를 들려주셨습니다(마 13:1-23). 말씀은 생명의 씨
앗입니다. 말씀은 인간의 이론이나 사상과 다릅니다. 강력
한 생명력을 가진 씨앗입니다. 뿌리지 않은 데서 거두는 일
은 없습니다. 생명을 가진 씨앗이 마음에 바로 뿌려졌다면
변화는 자연스러운 일입니다. 말씀이 마음에 부지런히 뿌
려지게 하는 것이 묵상입니다. 묵상이 쌓이면 놀라운 일이
일어납니다.

말씀은 우리 안에서 가만히 있지 않습니다. 말씀은 우
리가 더 이상 지루하고 무의미한 삶을 반복해서 살아갈 수
없게 만듭니다. 말씀은 우리를 새롭게 합니다. 말씀을 말씀
으로 받아들일 때 더 이상 이전과 같은 삶을 살 수 없습니
다. 말씀은 생명이요, 능력이요, 변화를 일으키는 에너지원
입니다.

구체적인 적용을
하라

묵상에서 중요한 것은 구체적인 적용입니다. 적용이 없는 묵상은 사치스럽고 공허한 정신적 활동에 불과합니다. 심오한 깨달음인 양 자기 만족에 빠져 영적 교만에 떨어지지 않도록 경계해야 합니다. 묵상은 지적 만족과 거리가 멉니다. 혼자 도를 깨쳤다고 자랑한다면 오히려 해로운 묵상이라고 할 수 있습니다.

적용이 없는 묵상을 계속하면 말씀이 닫혀 버리고 맙니다. 말씀은 순종하려는 사람에게만 열립니다. 묵상의 열매는 삶의 변화로 나타나야 합니다. 말씀 안에서 정확히 적용을 해야 생명이 될 수 있습니다. 제대로 된 묵상이 변화로 이어져야 합니다. 깊은 묵상을 통해 말씀이 내 안에서 충만해지고, 충만해진 말씀이 흘러넘쳐 삶의 곳곳으로 연결되어 실천적 진리로 경험되어야 하는 것입니다. 우리는 말씀이 허공에 뜬 철학이나 사상에 그치는 것이 아니라 치열한 삶의 현장까지 나아가도록 노력해야 합니다.

말씀과 현실을 잇는 작업이 바로 적용입니다. 적용은 구체적이어야 하고 매우 힘겨운 일이 될 수 있습니다. 누구나 살아오던 대로 살고자 하는 고집이 있기 때문에 말씀을 이해하지만 동시에 저항하려고 합니다. 죄의 익숙한 집을 지어 놓고는 나오지 않으려고 버티는 완고함을 깨뜨리는 작업은 하루이틀에 되는 일이 아닙니다. 적용까지 나아가야 말씀 묵상이 온전해집니다. 진리를 자기 삶의 한가운데로 가져와야 합니다.

일상의 삶 가운데 풀어야 하는 난제, 성숙한 결정을 내려야 하는 순간, 내면세계에서 식을 줄 모르는 욕망의 문제를 가지고 말씀 앞으로 나아가십시오. 성숙한 삶을 갈망하는 신자라면 말씀과 현실 사이에서 많은 시간 몸부림쳐 보았을 것입니다. 바로 그 지점을 잇는 작업이 묵상 적용 부분입니다. 말씀은 우리 삶의 모든 부분을 들여다보게 합니다. 말씀은 거울과 같습니다. 우리의 실상을 있는 그대로 조명하며 각성을 일으킵니다. 우리가 살아갈 길, 돌이켜야 할 일, 책망받을 일을 알려 줍니다.

모든 성경은 하나님의 감동으로 된 것으로 교훈과 책망과 바르게 함과 의로 교육하기에 유익하니 이는 하나님의 사람으로 온전하게 하며 모든 선한 일을 행할 능력을 갖추게 하려 함이라 딤후 3:16-17

말씀이 우리의 삶을 깊이 비출 때 불편하고 힘들 수 있습니다. 묵상이 두려워질 수도 있습니다. 말씀은 예리한 칼과 같아서 우리의 폐부를 찌를 때 비명을 지를 수 있습니다. 그러나 피하지 마십시오. 말씀의 지적을 피하면 나중에 더 큰 어려움을 겪게 됩니다. 말씀과 충돌하면 내가 지게 되어 있습니다. 말씀 앞에서는 순종밖에 다른 길이 없습니다. 말씀의 빛 앞에서 자신을 그대로 노출하고 반응할 때 치유와 회복이 일어납니다.

말씀을 삶의 현장으로 잘 운반하려면 묵상이 깊어져야 합니다. 적용을 통한 열매가 나타날 때 묵상의 기쁨이 더 풍성해집니다. 예수님은 산상수훈을 마무리하면서 적용의 중요성을 강조하셨습니다.

> 그러므로 누구든지 나의 이 말을 듣고 행하는 자는 그 집을 반석 위에 지은 지혜로운 사람 같으리니 마 7:24

여기서 놓치지 말아야 하는 구절은 "나의 이 말을 듣고 행하는 자"입니다. 말씀을 잘 들었는지는 행위로 증명됩니다. 지혜로운 사람은 말씀을 적용하는 자입니다. 적용을 잘해야 잘 들은 것입니다. 말씀을 깨달아도 순종으로 옮기는 일은 매우 어렵습니다. 예를 들어 "원수를 사랑하라", "애착을 두고 있는 것을 포기하라"는 말씀이 주어졌을 때 그 말씀에 순종하기란 어려운 일입니다. 기도하며 하나님의 도우심을 구해야 합니다. 듣는 것과 행하는 것을 분리해서는 안 됩니다. 듣는 단계까지는 누구나 할 수 있습니다. 듣고 나서 행하는 단계까지 가야 합니다.

오늘날 인터넷 설교 서핑이 유행하고 있습니다. 좋은 설교를 찾아 듣는 것은 나쁘지 않습니다. 그러나 설교를 음악 듣듯이 즐기고 말 뿐이라면 문제가 있습니다. 좋은 설교를 들은 것이 곧 좋은 신앙이라는 착각에 빠질 수 있습니다. 말씀에 대한 적용 없이는 아무리 좋은 설교를 들었다고 해도 삶이 바뀌지 않습니다. 삶을 변화시키기 위해서는 대가를 지불해야 합니다. 적용은 결코 쉽지 않습니다. 그래도 포기하지 마십시오.

묵상의 끝은 적용입니다. 적용하기 위해 묵상을 하는 것입니다. 순종을 잘하는 사람이 묵상을 잘하는 사람입니다. 묵상은 순종에서 끝이 납니다. 묵상은 삶을 바꾸는 일입니다. 묵상의 목표는 성숙입니다. 묵상은 그리스도의 성품을 닮아 가는 작업입니다. 묵상은 우리 안에 그리스도의 형상이 새겨져 가는 과정입니다.

6장

: 묵상과 삶의 변화

1 말씀은 생명이요, 능력이요, 변화를 일으키는 에너지원입니다. 묵상은 변화를 수반합니다. 활력 있는 말씀이 나를 새롭게 한 경험이 있다면 나눠 보십시오. 그 경험과 순종은 어떤 관계가 있습니까?

2 묵상의 열매로서, 가장 중요하지만 가장 어렵기도 한 과정이 '적용하기'입니다. 적용은 말씀과 현실을 잇는 작업입니다. 묵상하고 적용하겠다고 마음먹었지만 아직까지 순종하지 못한 묵상이 있다면 나누어 보고, 어렵겠지만 언제, 어떻게 내 삶에 구체적으로 실천할지 이야기해 보십시오.

7장

지금, 여기에서

주님과 함께

한국 교회는 뜨거운 불을 좋아합니다. 하지만 불은 쉽게 식는다는 단점이 있습니다. 뜨거운 것도 좋지만, 중요한 것은 지속성입니다. 교회 안에는 지나간 날 뜨거웠던 신앙을 추억하며 스스로를 위로하고 만족하는 신자들이 있습니다. 어제의 신앙으로는 오늘을 살 수 없습니다. '지금 이곳'이 중요합니다. 일상의 신앙을 회복해야 합니다.

일상 속에서 매 순간 하나님을 만나는 것이 중요합니다. 아무리 뜨거운 불을 받았다 할지라도 매일 하나님과 친밀한 교제를 나누는 것과 바꿀 수는 없습니다. 하나님과의 친밀함을 일상 속에서 지속하는 것이 관건입니다. 하나님과의 친밀함은 우리에게 힘이고 축복입니다. 죄는 결핍을 가져오게 되어 있습니다. 결핍을 잘못된 방식으로 해결하려고 할 때 중독에 빠집니다. 결핍의 근원적 해결책은 하나님과의 친밀함입니다. 하나님과의 친밀함이 신앙의 핵심이요 답입니다. 하나님과의 친밀함은 한두 번의 만남으로 이루어지지 않습니다. 교제의 지속성이 중요합니다.

하나님과 친해지기 위해서
필요한 네 가지

하나님과 친밀하기 위해서 우리에게 필요한 것이 있습니다.

첫째, 영적 갈망입니다. 시편 42편 1절은 "하나님이여 사슴이 시냇물을 찾기에 갈급함같이 내 영혼이 주를 찾기에 갈급하니이다"라고 말합니다. 하나님을 알아 가고자 하는 갈급함이 내 안에서 일어나야 합니다. '하나님을 알고자 하는 열망 외에 내게 다른 것은 없다'는 강렬한 소망이 우리를 말씀으로 이끌어 들입니다. 하나님에 대한 갈망은 말씀에 대한 갈망입니다.

신앙이 건강한지는 말씀에 대한 갈망으로 점검할 수 있습니다. 건강한 신자는 영적 식욕이 왕성합니다. 영적으로 병이 들면 말씀에 대한 갈망이 식어 버립니다. 영적 갈망을 잃어버리지 않도록 잘 유지해야 합니다.

둘째, 말씀에 푹 빠져드는 은혜를 누리는 것입니다. 말씀을 적당히 읽고 넘어가는 것이 아니라 말씀에 완전히 사로잡히는 경험이 필요합니다. 말씀이 혈관을 타고 흐르는 듯한 느낌을 받아야 합니다. 단순히 말씀을 읽는 것이 아니라 말씀을 먹어야 합니다. 맛보아 아는 경험이 중요합니다. 맛을 아는 사람이 갈망합니다. 우리의 영혼은 말씀을 먹어야 힘이 납니다. 먹는 만큼 힘이 납니다. 우리의 영혼에 말씀을 채우면 영적 강자가 됩니다.

셋째, 말씀에 깊이 헌신하는 것입니다. 말씀에 대한 헌신 없는 외적 헌신은 위험합니다. 말씀이 빠진 헌신은 곁길로 빠지기 쉽습니다. 아무리 멋지게 보이는 헌신이라도 자기 성취와 만족으로 발전할 가능성이 높습니다.

하나님과 교제하기 위해서는 성실을 다하는 태도가 필요합니다. 건강한 영적 교제는 헌신을 요구합니다. 우리는 하나님과의 교제에 우선순위를 두어야 합니다. 말씀의 헌신이 다른 헌신을 불러옵니다.

넷째, 말씀이 내 삶을 움직이는 체험을 하는 것입니다. 말씀을 삶 속에서 구체적으로 경험하지 않으면 신앙은 추상적일 수밖에 없습니다. 말씀에 깊이 침잠하고 빠져들면 반드시 내 삶에 변화가 일어나는 것을 보게 됩니다. 말씀이 내 영혼을 채우고 내 삶을 움직이는 능력이 되어야 합니다.

> 하나님의 말씀은 살아 있고 활력이 있어 좌우에 날 선 어떤 검보다도 예리하여 혼과 영과 및 관절과 골수를 찔러 쪼개기까지 하며 또 마음의 생각과 뜻을 판단하나니
>
> 히 4:12

신앙은 내면세계를 다루는 일입니다. 영혼을 돌보는 일은 성령의 불꽃이 우리의 영혼에서 계속 불타게 하는 일입니다. 영혼에 불꽃이 타오르고 그곳에서 생수의 강이 흘러나와야 합니다. 내버려 둔 불은 사그라져 재가 되고 맙니다. 가장 치열한 싸움터, 가장 활발한 무대는 내 영혼입니다.

주님 안에

거하라

묵상은 하나님과의 친밀함을 경험하는 것입니다.

내 안에 거하라 나도 너희 안에 거하리라 가지가 포도나
무에 붙어 있지 아니하면 스스로 열매를 맺을 수 없음같
이 너희도 내 안에 있지 아니하면 그러하리라 요 15:4

"내 안에 거하라"는 말씀이 신앙의 핵심 개념입니다. 신
앙은 무엇을 하느냐가 아니라 하나님 안에 거하는 삶입니
다. 주님이 우리 안에 거하시고, 우리는 주님 안에 거하는
삶은 표피적인 신앙생활로는 이해할 수 없는 영역입니다.
지속적인 대화를 통한 깊은 사귐이 있을 때 가능합니다. 주
님이 깊숙이 내재하심으로 모든 것을 그분과 공유하는 상
태입니다.

7장

: 묵상과 친밀함

1 나는 하나님을 얼마나 자주 만납니까? 나와 하나님의 친밀도는 얼마나 됩니까? 오늘 나의 신앙 온도는 몇 도입니까? 지금 가장 뜨겁습니까, 아니면 어제의 신앙에 만족하며 살고 있습니까?

2 일상 속에서 하나님과 친밀함을 유지하기 위해서는 영적 갈망, 말씀에 푹 빠져드는 은혜, 말씀에 대한 깊은 헌신, 말씀이 내 삶을 움직이는 체험 등 네 가지가 필요합니다. 내게 부족한 부분은 무엇입니까? 하나님께 잠시 간구하는 시간을 가지고 나누어 보십시오.

8장

묵
상
과
깨
어
있
음

하나님을 향해
깨어 있으라

유진 피터슨은 영성에 대해 정의내리기를, "영성은 살아 계신 하나님을 향한 깨어 있는 관심이며 공동체 속에서 우리가 하나님을 향해 드리는 신실한 반응이다"라고 했습니다. '하나님을 향한 깨어 있음', '신실한 반응'이라는 표현에 눈길이 갑니다.

잠든 상태에서는 기대할 수 있는 것이 없습니다. 세네갈 속담에 "하나님이 보내시는 기회는 자고 있는 사람을 깨우지 않는다"는 말이 있습니다. 또한 프레데릭 뷰크너는 "하나님이 일상 안에 숨어 계신다는 것만큼 평범한 사건은 없다. 당신의 삶에 귀를 기울여 보라. 삶이 가늠할 수 없이 깊은 신비임을 발견하라"고 말했습니다.

지속적인 영적 변화를 맛보려면 영혼이 깨어 있는 상태를 유지해야 합니다. 우리의 영혼은 쉽게 잠이 듭니다. 잠시라도 방치하면 어두움 속으로 들어가고 맙니다. 영적 무지와 영적 어두움은 모든 것이 닫힌 상태입니다. 그때는 마귀의 영적 공격에 속수무책으로 당하고 맙니다. 깨어 있기란 어렵습니다. 더 어려운 것은 늘 깨어 있는 것입니다.

지혜로운 신자는 자신의 영혼을 어두움 가운데 내버려 두지 않습니다. 하나님의 말씀이 귀에 들리지 않는다면 우리의 영혼이 어두운 밤을 통과하고 있다는 증거입니다. 만약 말씀에 오랫동안 반응하지 않았다면 영적으로 죽어 있는 상태일지 모릅니다. 말씀을 대하는 태도가 무덤덤해지면 영혼을 깨우기 위해 노력해야 합니다. 영혼이 잠든 상태는 마귀가 노략질을 할 터전으로 바뀔 수 있는 위험한 순간입니다. 사데 교회의 모습과도 같습니다. 살았으나 실상은 죽은 자 같은 상황은 신자에게 최악의 순간입니다(계 3:1).

우리가 말씀을 읽고 묵상하는 것은 단순한 독서와 사색이 아니라 살아 계신 하나님에 대한 깨어 있는 관심이어야 합니다. 깊이 있는 묵상은 나의 영혼이 하나님을 향해 활짝 열린 상태에서 적극적으로 반응하는 시간입니다. 성경을 무심코 대해선 안 됩니다. 성령의 도우심을 구하십시오.

라이너 마리아 릴케는 "언제든지 책에만 얼굴을 묻고 있지 않고, 종종 뒤로 기대어서 자신이 읽은 문장을 다시 생각하며 눈을 감으면 그 의미가 혈관으로 퍼지는 것을 느껴야 한다"고 말했습니다. 하나님의 음성을 듣고자 하면 느긋한 태도로 기다려야 합니다. 말씀을 읽고 금방 무엇을 기대하지 말고 충분히 기다리십시오. 금방 깨달아지는 것이 없어도 말씀 앞에 머물러 있는 훈련을 해야 합니다.

말씀 앞에서

오감을 열라

무조건 다독을 한다고 좋은 것은 아닙니다. 다독이나 정독 등은 묵상에 도움을 주는 방법입니다. 성경 연구도 그 자체가 목적이 될 수 없습니다. 연구는 더 깊은 묵상을 위해 필요한 것입니다. 묵상은 영혼의 최상의 경지에서 일어나는 일이어야 합니다. 오감을 열고, 온몸과 마음이 말씀 앞에서 충분히 반응할 준비를 해야 합니다.

로욜라의 이그나티우스(Ignatius of Loyola)는 묵상을 할 때 우리의 모든 감각을 동원하라고 권면했습니다.

"우리는 바다 냄새를 맡고, 파도 소리를 들으며, 군중을 보고, 이마 위의 태양과 배 속의 허기짐을 느끼고, 대기의 소금기를 맛보고, 그분의 옷자락을 만질 수 있다."

이처럼 묵상을 할 때는 오감을 열어 놓아야 합니다. 영적으로 깨어 있으면 모든 것에 민감해집니다. 하나님은 성경만을 통해서 말씀하시지 않고, 세상의 모든 만물과 일상의 사건 속에서도 말씀하십니다. 하나님은 다양한 방법으로 우리에게 다가오십니다.

> 주의 말씀의 맛이 내게 어찌 그리 단지요 내 입에 꿀보다 더 다니이다 시 119:103

말씀의 맛은 다른 어떤 것과 비교할 수 없을 정도로 우리의 구미를 당깁니다. 시편 기자는 이어지는 131절에서 "내가 주의 계명들을 사모하므로 내가 입을 열고 헐떡였나이다"라고 고백했습니다. 말씀에 대한 태도가 입을 열고 헐떡일 정도로 절실한 것은 축복입니다. 말씀의 맛을 아는 사람만이 추구하는 열정이 있습니다. 혀끝에서 서서히 녹는 사탕의 달콤함을 온몸으로 음미하듯이, 묵상의 세계는 우리를 사로잡습니다. 말씀을 묵상할 때 일상의 모든 사건이 메시지로 들립니다. 그런 경험이 차곡차곡 쌓일 때 영혼이 깊고 풍성해집니다.

묵상의 시간은 나의 영혼을 살찌우고 새롭게 하는 에너지원입니다. 나로 나답게 살게 만드는 힘입니다. 묵상 시간을 따로 떼어놓는 것은 필수 중 필수입니다. 바쁜 도시의 삶은 나도 모르게 나의 내면을 척박한 사막에 방치해 버리게 합니다. 우리의 영혼은 며칠만이라도 내버려 두면 메마른 사막으로 변하고 맙니다. 건건한 땅에서 기대할 것은 아무것도 없습니다.

삶이 척박해지는 이유는 외적 상황이나 조건들 때문이 아닙니다. 아무리 사막이라도 오아시스를 만나면 살맛이 나지 않습니까. 우리의 영혼에 말씀의 생수가 터지면 사막이 물 댄 동산으로 바뀝니다. 물 댄 동산은 늘 깨어 있는 묵상의 삶을 통해서 벌어지는 영혼의 향연입니다. 묵상을 통해 말씀의 잔치가 벌어지는 내면을 소유한 사람의 삶은 풍요롭습니다. 관건은 깨어 있는 것입니다. 지금 이곳에서 말씀하시는 하나님의 음성을 듣는 열린 귀를 가진 사람은 복 있는 사람입니다.

8장

: 묵상과 깨어 있음

1 살아 계신 하나님을 향한 깨어 있는 관심이 내게 있습니까? 말씀을 대하는 태도가 무덤덤하다면 영혼이 잠자고 있을 수 있습니다. 내 영혼은 깨어 있습니까, 잠자고 있습니까?

2 오늘 묵상할 말씀을 오감을 활짝 열어 묵상해 보십시오. 시각을 열어 군중을 보고, 청각을 열어 파도 소리를 들으며, 후각을 열어 바다 냄새를 맡고, 미각을 열어 대기의 소금기를 맛보고, 촉각을 열어 그분의 옷자락을 만져 보십시오. 이렇게 묵상한 내용을 나눠 보십시오.

9장

묵상과 홀로 있음

영성은 고독의 방에서 자란다

하나님과 독대하려면 홀로 있는 시간을 가져야 합니다. 홀로 있음은 사람을 피하는 것이 아니라 하나님과 함께하는 것을 말합니다. 독립(獨立)이 아니라 독거(獨居)입니다. 개인주의적 은거(隱居)가 아니라 하나님과의 은밀한 동거(同居)입니다.

헨리 나우웬은 《영적 발돋움》에서 "외로움을 고독으로 승화시키라"고 했습니다. "단순한 감정적 외로움에 사로잡혀 있지 말고 주님과 교제하는 창조적 고독으로 바꾸라"는 말입니다. 영성은 고독의 방에서 길러집니다. 고독의 방은 하나님과의 독대를 위해 우리를 초대하시는 하나님의 밀실입니다.

하나님과 내밀한 시간을 가지려면 일시적인 고독을 받아들여야 합니다. 홀로 있음은 결코 쉽지 않습니다. 대가를 치러야 합니다. 준비되지 않은 고립은 위험합니다. 외로움이 깊어지면 사람이 정신적 혼란을 겪기도 합니다.

우리는 끊임없이 자신을 드러내고 인정받으려는 유혹에 시달리며 살아갑니다. 자아 중심적 삶은 홀로 있기를 어려워합니다. 외로움의 고통은 큽니다. 대부분의 사람들은 그 고통을 피하려고 사람들에게 집착합니다. 현대인들은 고독을 두려워해 적극적으로 거부합니다. 엔터테인먼트 문화가 발달한 것은 외로움이라는 병을 해결하려는 몸부림입니다. 그러나 외적인 것들로 외로움을 해결하고 나면 더 큰 외로움에 갇혀 헤어 나오지 못하게 됩니다.

윌리엄 콜린스는 "외로우면 버림받은 듯한 느낌이 들지만, 홀로 있으면 대화를 하고 있다는 느낌이 든다"고 말했습니다. 홀로 있을 때 무시당한다는 느낌을 극복해야 합니다. 대부분의 사람들에게 홀로 있는 시간은 매우 생소한 환경입니다. 늘 사람들과 만나고 소란한 곳에 익숙한 것이 일반적인 모습입니다. 홀로 있기 위해서는 활동을 일시적으로 멈출 때 찾아오는 불안과 조급함을 극복해야 합니다.

홀로 있는 시간이 주는 유익은 많습니다. 사람들에게 둘러싸여 있을 때는 내가 누구인지 잘 알 수 없지만 홀로 있으면 나의 존재를 분명히 인식하게 됩니다. 홀로 있으면서 어지럽혀져 있는 자신의 내면세계와 직면하게 되기 때문입니다. 사람은 홀로 있을 때 가장 진실해집니다. 내면 중심에 자리 잡은 것이 무엇인지 드러나기 시작합니다. 내가 무엇을 갈망하고 있는지, 염려, 원망, 분노는 무엇인지를 알게 됩니다.

평소에는 내 안에 있는 허영과 거짓을 찾아내기 어렵습니다. 고독과 침묵을 통해서만 들리는 소리가 있습니다. 우리는 홀로 있음을 통해서 고독을 내면화하고 삶의 동력을 얻을 수 있습니다.

고독 속에서
하나님의 음성을 듣는다

조직화되고 분주한 종교 활동 속에서는 자기를 얼마든지 속일 수 있습니다. 자기 기만은 무섭습니다. 겉으로는 모든 상황이 잘 돌아가는 것 같아 보이지만 어느 순간 삶이 부도를 맞습니다. 예수님 당시의 바리새인들은 열심에 있어서는 탁월했습니다. 외적인 의무 준수는 누구에게도 뒤지지 않았습니다. 문제는 모든 활동이 외적이었으며 내면을 향하지 않았다는 것입니다.

예수님은 다르셨습니다. 겉으로는 매력적인 모습이 없으셨습니다. 그러나 내면에서는 강력한 에너지가 불타오르고 있었습니다. 예수님은 항상 홀로 있는 시간을 확보하셨습니다. 제자들에게도 골방을 강조하셨습니다. 사람들에게 보이거나 드러내려는 태도를 경계하셨습니다. 주님께서는 홀로 있는 시간이 내적 만족의 원천이었습니다.

하나님과 동행하는 삶을 살려면 고독을 끌어안아야 합니다. 고독을 통해서 끊임없이 내면의 소리를 들어야 합니다. 사람들에게 방해받지 않고 하나님의 음성에만 귀를 기울일 수 있는 시간을 가져야 합니다. 사람들에게 둘러싸여 있기만 하면 잡다한 소음으로 금방 지치게 됩니다. 홀로 있으면서 회복을 경험하고, 새롭게 되고, 위로를 얻는 시간이 필요합니다.

홀로 있어 본 사람만이 공동체의 축복이 무엇인지를 알 수 있습니다. 고독으로 영적인 승화를 경험한 사람들은 서로 만나지 않아도 기쁨을 누릴 수 있습니다. 헨리 나우웬은 "환대"라는 표현을 사용했습니다. 디트리히 본 회퍼는 "홀로 있지 못하는 사람은 함께 있을 수도 없다"고 했습니다. 홀로 있는 법을 익힌 사람이야말로 공동체 안에서 건강한 교제권을 가질 수 있습니다. 건강한 공동체, 건강한 인간관계는 개인적으로 하나님 안에서 많은 시간을 보낸 삶 속에서 흘러나오는 힘이 있을 때 가능합니다.

엘리야는 홀로 로뎀나무 아래 누워 있을 때 견디기 힘들었습니다. '나만 홀로 남아 있다'는 외로움의 무게가 그를 짓눌렀습니다. 자신의 약함에 시달렸고, 죽고 싶을 정도로 두려움이 밀려왔습니다. 그러나 그 과정을 통해 엘리야는 하나님의 세미한 음성을 듣게 되었습니다(왕상 19:1-18).

고독 속에서 주님과의 밀도 높은 교제를 가질 수 있는 특권을 누리게 됩니다. 주님의 음성 외에는 다른 것이 들리지 않는 은밀한 곳에 머물기를 의도적으로 선택하십시오. 고독의 시간은 하나님께 시간과 공간을 내어 드리는 것입니다. '광야의 시간'은 특정한 장소를 말하는 것이 아니라 하나님과 일대일로 대면하는 시간입니다.

오늘날 사람들 안에 조급함이 있습니다. 속도전의 세상에서 사람들의 일상은 분주한 활동으로 채워져 있습니다.

활동이 나쁜 것은 아니지만 더 중요한 일을 놓치는 것이 문제입니다. 신자들도 마찬가지입니다. 열심히 신앙생활을 하는 것 같은데 얼마 못 가서 공허가 찾아와 힘들어하는 모습을 종종 봅니다. 사람들은 금방 목말라합니다.

우리를 만족시키는 근원을 찾아야 합니다. 그것은 다름 아닌 하나님과 함께하는 시간입니다. 하나님의 품 안에 잠잠히 안겨 있는 시간이 중요합니다. 홀로 있음은 결핍의 시간이 아니라 풍요를 경험하는 순간입니다. 고독이란 혼자 칩거한다는 의미가 아닙니다. 하나님의 임재 가운데 있음을 의미합니다. 고독을 다른 것으로 대체하려고 하면 안 됩니다.

공동체적인 예배와 훈련들은 매우 중요합니다. 교회에서 이루어지는 다양한 프로그램은 신앙의 가이드 역할을 하는 등 유익을 줍니다. 하지만 우리가 늘 모여 있을 수만은 없습니다. 그러나 하나님 앞으로 깊이 나아가는 경험은 홀로 있음을 통해 일어납니다. 홀로 있음을 통해 하나님의 임재를 체험하는 경험이 쌓여 가는 것과 바꿀 수 있는 것은 아무것도 없습니다. 하나님과 독대하는 기쁨과 만족은 최상의 선물입니다. 아무리 은혜로운 집회에 참여해 최고의 설교자가 전하는 말씀을 듣는다 해도 그것은 흐르는 물일 뿐

내 안에서 계속 출렁이는 강은 아닙니다. 쉽게 은혜를 받으면 쉽게 흘러 나갑니다.

고독은 고통으로 시작하지만 시간이 지날수록 풍성해지는 경험을 가져다줍니다. 고독은 단순히 홀로 있는 것이 아니라 하나님과의 동거입니다. 묵상의 시간은 풍성한 하나님의 밀실로 초대받는 일입니다.

9장

: 묵상과 홀로 있음

1 외로워서 버림받은 듯한 느낌이 들었던 경험을 떠올려 보십시오. 언제, 어떤 상황이었습니까? 이제 '외로움'을 '홀로 있음'으로 바꾸십시오. 고독의 자리에 하나님과 그분의 말씀을 초청해 창조적 고독으로 바꾸겠다고 결단하고 하나님께 기도하십시오.

2 속도전의 시대를 살아가는 우리에게 '홀로 있음'이 왜 필요합니까? 내게는 주님의 음성 외에는 다른 것이 들리지 않는 은밀한 장소에 머무는 시간이 얼마나 됩니까?

10장

묵상의 비밀

내면을 방치하면
마음에 잡초가 자란다

정원에서 잔디를 관리해 본 분들이라면 잡초와 씨름한 적이 있을 것입니다. 조금만 방심하면 잔디밭이 잡초 밭이 되고 맙니다. 씨를 뿌리지 않았는데도 잡초는 잘 자랍니다. 잡초의 생명력과 전염성은 강력합니다.

호주에 살 때 지금도 인상적인 장면은 이웃의 노부부가 시간만 나면 무릎을 꿇고 잡초를 손으로 하나하나 뽑아내는 것이었습니다. 잡초는 자세히 보지 않으면 잘 보이지 않습니다. 하지만 하루라도 방치하면 기세등등하게 자신의 존재를 드러냅니다. 세력을 매우 빨리 확장하기 때문에 잔디밭이 잡초 밭으로 변하는 것은 시간문제입니다. 노부부는 잡초의 위력을 알았기에 매일 손으로 잡초를 뿌리째 뽑는 작업을 계속했던 것입니다. 역시 그분들의 집 잔디밭은 눈에 띄게 아름답게 보존되었습니다. 다른 집과 현격하게 달랐습니다. 아름다운 정원은 많은 수고와 땀을 요구한다는 것을 실감할 수 있었습니다.

우리의 내면세계도 마찬가지입니다. 주의 깊게 관리하지 않으면 무질서, 혼란, 갈등, 소음, 분노, 헛된 야망 등의 잡초들이 장악하고 맙니다. 방치된 밭을 본 적이 있습니까? 어쩌면 황폐한 땅이 우리 영혼의 실상일 수 있습니다. 황폐한 영혼은 음습해 독버섯이 자랍니다.

세상을 살다 보면 유혹, 때로는 매력이라는 이름으로 다가오는 꾐으로 인해 참혹한 실패를 경험할 때가 많습니다. 무너지지 않으려면 세우는 작업이 선행되어야 합니다. 세상에 길들여지지 않으려면 묵상의 세계에 깊이 침잠해 들어가야 합니다. 묵상의 삶은 내적인 질서를 세우는 일입니다. 어지럽혀져 있던 내면이 묵상의 과정을 통해 고요함을 얻을 때 삶의 원기를 얻게 됩니다.

묵상이 깊어질수록
내면이 풍요롭다

우리는 신앙생활을 대충 때우려고 해서는 안 됩니다. 형식적인 묵상이 아니라 말씀이 영혼에 깊이 젖어들게 하는 묵상을 해야 합니다. 묵상을 하면 할수록 자신의 내면세계를 더 잘 들여다보게 됩니다.

묵상이 깊어지면 이전에는 보이지 않던 조그만 잡티까지도 보입니다. 맑은 영성으로만 보이는 세계가 있기 때문에 회개도 그만큼 깊어집니다. 눈을 밝히는 것이 바로 회개입니다. 하나님께 나아갈수록 빛이 더 강렬해집니다. 회개의 차원이 달라집니다. 하나님께로 가까이 나아갈 때 죄에 대한 정직한 각성이 일어납니다. 말씀의 빛 앞에서 우리 자신이 드러나는 것은 은혜입니다.

영적 게으름이 문제입니다. 영적 나태는 심각한 결과를 낳습니다. 육체적 게으름보다 영적 게으름이 더 위중한 잘못입니다. 영적인 세계에서 성실은 기본입니다. 입만 벌리고 있다고 되는 일이 아닙니다. 수고의 땀을 흘려야 합니다. 땀을 흘리지 않으면 쓸데없는 일에 피를 흘리게 됩니다. 밥은 내 손으로 먹어야 합니다. 나의 수고가 없이는 먹을 수 없습니다. 묵상의 작업은 수고로움을 동반합니다. 영적 게으름과 싸워야 합니다. 말씀으로 배부르게 하는 일은 저절로 되지 않습니다.

　말씀을 소홀히 할수록 죄의 유혹이 강화됩니다. 반면에 말씀의 포만감을 가질수록 육체적 욕망이 줄어듭니다. 거룩한 것을 사모하는 마음이 깊어지면 세속적인 욕심의 포로에서 벗어나게 됩니다. 신앙의 승패는 말씀과 거리를 얼마나 두느냐에 달렸습니다. 말씀과 멀어지면 불순한 요소가 침투하는 것을 막을 수가 없습니다. 말씀을 가까이하면 영적으로 최상의 상태를 유지할 수 있습니다. 하루라도 말씀을 소홀히 하면 잡초가 솟아오릅니다. 다른 어떤 것보다 말씀을 가까이하십시오.

　말씀의 진정한 맛을 온몸으로 경험할 때 내면에 부요함이 찾아옵니다. 묵상이 결여된 영혼은 결핍 증세에 시달릴 수밖에 없습니다. 영혼을 위한 수고를 멈추지 않는 것이 일상의 영성입니다.

10장

: 묵상의 비밀

1 나의 내면세계는 잘 관리된 정원과 같습니까, 아니면 무질서, 혼란, 갈등, 소음, 분노, 헛된 야망 등의 잡초로 뒤덮인 채 방치된 밭과 같습니까? 날마다 잡초를 뽑듯 매일 나의 영혼을 위해 해야 할 일은 무엇입니까?

2 묵상이 깊어질수록 내면이 풍요로워지고, 말씀을 가까이하면 영적으로 최상의 상태를 유지할 수 있습니다. 말씀과 나의 거리는 얼마나 되는지 나눠 보십시오.

11장

묵상과 안식

세상 소리를 거부하려면

영적 내공이 필요하다

도시의 삶은 소음으로 가득합니다. 소음이 난무한 곳은 산만합니다. 모든 것이 혼란스러운 곳에서는 정신분열증적인 삶이 전개됩니다. 소음은 폭력이고 선동입니다. 어느 것에도 집중하지 못하게 하는 세상은 주의력결핍 과잉행동장애(ADHD) 증세를 드러냅니다. 사람들은 속도전에 휘말려 빠져나오지 못하고 있습니다. 삶이 항상 과부하에 걸려 있어 피곤한 상태에서 살아갑니다.

사람들이 소음에 시달리면서도 벗어나지 못하는 이유는

거짓된 자아 때문입니다. 거짓된 자아는 작은 유혹에도 잘 속습니다. '소음'과 '참된 소리'를 분별하지 못하면 불행한 길을 걷게 됩니다. 소음은 우리를 절망의 자리로 떨어뜨립니다. 그때 우리는 만성적 불만족에 시달리며, 거짓된 소음에 빠져들어 비영적인 선택을 하게 됩니다. 거짓된 자아는 아무리 노력해도 만족시킬 수가 없습니다. 가공한 인격은 언제나 불안합니다.

현대 그리스도인들은 지쳐 있습니다. 우리가 안식을 누리지 못하는 이유는 추구하는 것이 너무 많기 때문입니다. 하나님 외에 좇는 것이 심히 많습니다. 어거스틴은 "죄는 자기 안으로 굽어지는 것"이라고 했습니다. 하나님을 주목하지 않는 것이 죄입니다. 인간은 하나님만 주목하는 것에 대해서 불안을 느낍니다. 세상을 좇으면서 하나님을 좇는 일이 가능한 양 착각합니다. 세상에서 들려오는 소리가 너무 큰 것이 문제입니다. 귀를 기울이고 있는 대상이 어디인지 점검해 보십시오.

솔깃하게 들리는 세상의 소리를 거부하려면 영적 내공을 쌓아야 합니다. 유혹은 실시간 밀려옵니다. 현란한 세상의 유혹은 다양한 얼굴을 하고 있습니다. 소음과 참된 소리를 분별하는 능력을 가져야 합니다. 마귀가 들려주는 유혹과 하나님의 음성을 확연하게 구분할 줄 알아야 합니다.

오늘날 우리의 삶은 치열한 전쟁터입니다. 매일 격전이 벌어지고 있습니다. 자칫 잘못해 영혼이 상처투성이가 되어 생존의 위협을 당하기도 합니다. 열심히 신앙생활을 하고 많은 모임에 참여하지만 정작 영혼은 메말라 있을 수 있습니다. 쌀독에 빠져 죽은 생쥐와 같을 수 있습니다. 하나님과의 깊은 교제가 결여되면 텅 빈 영혼이 되고 맙니다. 비어 있는 영혼은 세속적인 힘에 저항 없이 따라갈 수밖에 없습니다. 거짓된 자아는 만족시킬 수가 없습니다. 자기가 자기에게 속으며 살아가는 불행한 인생이 되는 것입니다. 세상의 유혹에 무력한 신자로 살면 당연히 세상의 종입니다. 영혼의 빈사 상태는 그리스도인에게 위험합니다.

묵상의 삶을 지향하는 일에는 특별한 각오와 결단이 필요합니다. 묵상을 위해서는 하던 일을 의도적으로 멈추고 조용한 시간을 선택해야 합니다. 다른 무엇을 하려고 하기보다 말씀 앞에 잠잠히 머물러 있어야 합니다. 상업주의적 세상의 특징은 조급하다는 것입니다. 조금 투자하고 많은 것을 얻어 내고자 생산성을 따지는 세상에서 묵상은 미련한 일로 보입니다. 묵상은 시간을 곰삭히는 일입니다. 영혼을 살찌우는 일은 인스턴트식 접근으로는 불가능합니다.

묵상은
안식이다

하나님의 신비는 감추어져 있습니다. 말씀이 우리의 영혼에 불을 지르는 경험을 하려면 시간을 들여야 합니다. G. K. 체스터턴은 "익숙한 것들이 낯설어질 때까지 응시하는 법을 배우는 것"에 대해서 이야기했습니다.

영혼의 질을 높이기 위한 몸부림이 필요합니다. 영적 심화를 통해 풍성한 그리스도인의 삶을 살기 원한다면 가던 길을 멈추고 말씀의 세계로 빠져드는 여정을 시작하십시오. 갑자기 불어닥치는 폭풍에도 흔들리지 않으려면 영혼의 힘을 확보해야 합니다. 우리가 작은 욕망에도 쉽게 무릎을 꿇는 이유는 영혼이 갈대처럼 흔들리기 때문입니다. 배가 작은 암초에 부딪혀 전복 위기에 처하는 까닭은 미숙한 항해술로 성급한 항해를 시작했기 때문입니다.

영혼의 나침반을 보는 법부터 배워야 합니다. 내가 가고 싶은 곳으로 가는 것이 아니라 목표점을 분명히 바라보는 내비게이션에 주목해야 합니다. 우리가 집착하고 있는 것에서 눈을 돌려 하나님께 집중해야 합니다. 주님의 말씀 앞에 머물러 있는 훈련을 해야 합니다. 속도를 늦추고 좀 더 느리게 사는 법을 받아들여야 합니다. 자신을 닦달하지 마십시오. 우리는 브레이크를 밟고 잠시 멈출 줄 알아야 합니다. 일중독, 집착하는 것에서 눈을 떼어야 합니다. 속도전에서 잃어버린 것을 되찾아야 합니다. 잠잠히 있을 줄 알아야 합니다.

> 너희는 가만히 있어 내가 하나님 됨을 알지어다 내가 뭇 나라 중에서 높임을 받으리라 내가 세계 중에서 높임을 받으리라 시 46:10

세상의 시련과 유혹에도 버텨 낼 수 있으려면 묵상의 삶을 통해 영혼의 중심이 잡혀 있어야 합니다. 욕구로 가득 찬 우리의 자아가 아니라, 하나님이 중심에 자리를 잡으셔야 합니다. 묵상을 통해 만들어진 질서정연한 영혼의 상태는 우리를 작은 천국으로 이끌어 들입니다. 묵상은 영혼이 자유를 누리게 합니다. 묵상의 자리는 모든 속박에서 벗어나 안식을 누리는 성소입니다.

분명히 아닌 것에 대해서 단호하게 "아니요!"라고 외칠 수 있는 담대함은 묵상으로 다듬어진 내면에서 발휘될 수 있습니다. 우리의 중심이 세상의 요구에 무릎 꿇지 않을 수 있는 것도 묵상의 세계에서 깊어진 하나님과의 관계로만 가능합니다. 세상에서 들려오는 소음보다 참된 소리, 즉 하나님의 음성이 더 크게 들려야 안식을 누릴 수 있습니다.

바울은 "어떠한 형편에든지 나는 자족하기를 배웠노니"(빌 4:11)라고 말했습니다. 그의 고백에서 참 자유를 누리는 영혼의 무게감을 느낄 수 있습니다. 하나님께 주목할수록 삶은 단순해집니다. 가지치기를 통한 집중력은 하나님과 일치의 단계로 나아가게 합니다. 묵상의 삶을 통해 삶의 굴레들을 하나둘씩 벗겨 내는 작업을 지속할 때 안식이 찾아옵니다. 묵상은 안식입니다.

11장

: 묵상과 안식

1 거짓된 자아는 우리를 조급하게 만들어 만성적 불만족에 시달리게 하며, 말씀 앞에서 안식을 누리지 못하게 방해합니다. 거짓된 자아가 내 귀에 속삭이는 소음은 무엇이며, 나는 왜 그 소리에 흔들리는지 그 이유를 나눠 보십시오.

2 묵상의 삶을 살기 위해서는 특별한 각오와 결단이 필요합니다. 하던 일을 의도적으로 멈추고 말씀 앞에 잠잠히 머물러 있기를 선택하십시오. 언제, 어떻게 할지 구체적으로 정하십시오.

12장

묵상과 공동체

묵상 나눔은
말씀의 뷔페다

말씀 묵상은 개인적이지만 공동체적으로 이어져야 합니다. 말씀은 한 개인에게 주어지는 것이지만 동시에 공동체에게도 주어지는 것입니다. 개인과 공동체는 분리할 수 없습니다. 죄는 관계를 깨뜨립니다. 하나님의 관심은 관계의 회복에 있습니다. 공동체를 회복하는 길은 묵상에 있습니다. 묵상은 하나님과의 관계가 회복되도록 이끌고, 그 결과 건강한 공동체를 세웁니다.

말씀 묵상을 개인의 경건으로만 묶어 두면 위험해질 수

있습니다. 개인주의적 신앙을 심화시키기 위한 도구로 말씀 묵상이 쓰이는 것은 오류입니다. 실리적 신앙만 챙기는 곳에 진정한 묵상은 자리 잡을 수 없습니다.

묵상은 하나님과 일대일로 하는 것이지만, 나눔은 공동체 안에서 함께 해야 합니다. 묵상한 말씀을 공동체에서 나눌 때 더욱 풍성해질 수 있습니다. 나눔의 축복이 있습니다. 나눔은 말씀의 뷔페와 같습니다. 맛있는 음식을 한 가지씩 가져와서 식탁에 펼쳐 놓고 함께 나누는 풍성한 잔치 자리와 같습니다. 말씀의 성찬을 나누는 기쁨은 공동체 안에서만 경험할 수 있습니다.

성령께서 각 개인에게 주신 말씀을 풀어 놓을 때 하나님이 똑같은 본문으로 얼마나 다양하게 사람들을 만나 주셨는가를 알게 됩니다. 각자의 형편과 상황에 따라 받은 은혜가 다 다릅니다. 묵상을 나누는 가운데 하나님의 말씀이 살아 있고 활력이 있다는 것을 실제적으로 경험하게 됩니다 (히 4:12).

성도들이 함께 말씀을 나눌 때 프리즘을 통과하며 다양한 역사를 만들어 내는 모습을 볼 수 있습니다. 다른 지체가 받았던 말씀의 빛이 나의 영혼 깊숙이 스며드는 빛의 연속성을 경험하게 됩니다. 누군가가 깨달은 말씀을 듣는 순간 나에게도 말씀을 보는 눈이 열리는 현상이 일어나는 것입니다. 그리고 나눔의 시간을 통해서 서로의 관계가 정직해지고 영적 교제가 깊어집니다. 바로 이것이 그리스도인의 교제가 가진 독특성입니다.

모임 시에 하나님의 말씀을
나누도록 한다

말씀 중심의 교제가 이루어져야 건강한 공동체가 세워질 수 있습니다. 신자들이 모여 교제한다고 그리스도인의 교제라고 말할 수 없습니다. 신자들의 모임을 가만히 들여다보면 평소에는 모두 가면을 쓰고 있을 때가 많기 때문입니다. 진실을 감춘 교제는 아무리 세월이 쌓여도 깊어지지 않습니다.

하지만 묵상 나눔 시간에는 더 이상 가면을 쓰고 있을 수가 없습니다. 뿐만 아니라 말씀 앞에서는 평소에 보지 못한 영혼의 깊은 곳까지 적나라하게 드러나므로 진실된 고백을 하게 됩니다. 그때 서로가 놀랍니다. 깊은 묵상은 우리의 위선과 허위의 가면을 벗겨 줍니다. 말씀은 우리를 진실하게 만드는 힘이 있습니다. 정직한 나눔을 통해 서로의 연약함을 고백할 때 각자의 필요가 무엇인지를 알게 되고, 그때 관계가 깊어집니다. 말씀 안에서 서로에 대한 기도가 깊어질 때 공동체는 하나 될 수 있습니다.

저는 목회를 하면서 말씀 묵상을 나누는 소그룹을 구성해 성도들 가운데 말씀 안에서의 교제가 일어나도록 했습니다. 돌아보면 그 유익은 말할 수 없이 컸습니다. 묵상을 나누는 소그룹이 교회를 말씀으로 건강하게 세우는 데 중요한 역할을 했습니다. 말씀 묵상을 통해 공동체성이 회복되고, 교회가 말씀으로 건강하게 세워져 가는 축복을 얻었습니다.

함께 모여 묵상을 하면서 각자 깨닫고 발견한 은혜를 나누십시오. 나눔의 중심 주제는 항상 하나님의 말씀이어야 합니다. 신자들이 모여 세상의 잡다한 이야기들을 나누다가 헤어지면 뒤끝이 씁쓸합니다. 인간의 이야기들은 항상 후회를 남길 뿐입니다. 그러나 말씀은 나누면 나눌수록 기쁨이 배가되고 서로에게 큰 용기를 줍니다. 말씀을 정직하게 나눌 때 성령의 개입하심을 경험할 수 있습니다.

하나님이 각자에게 주신 말씀이 다른 사람들에게 전달될 때 공동체 안에 진정한 소통이 일어납니다. 사람의 말은 소통을 가로막고 오해와 갈등을 일으킵니다. 따라서 공동체 안에 말씀의 유통이 활발하게 일어나야 합니다. 말씀으로 서로를 격려하고 세워 주는 것보다 좋은 교제는 없습니다.

말씀 묵상을 제대로 나누기만 해도 관계 안에 치유가 일어나는 모습을 볼 수 있습니다. 다른 사람의 나눔으로 나의 문제가 말씀 안에서 해결되는 경험도 가능합니다. 묵상을 나누는 소그룹이 많아야 합니다. 소그룹 안에서 말씀 잔치가 경험되어야 합니다. 말씀을 함께 나누는 가운데 말씀의 능력을 실감할 수 있습니다. 말씀은 나눌수록 더 풍성해집니다. 철이 철을 날카롭게 하는 것처럼 은혜와 감동이 증폭됩니다.

묵상 내용은
공동체에서 점검하라

여기서 주의할 점이 있습니다. 묵상한 내용은 공동체 안에서 점검되어야 합니다. 신앙은 항상 공동체 안에서 확인되어야 합니다. 묵상이 공동체 안에서 다루어지지 않으면 위험할 수 있습니다. 고립된 세계에서 홀로 이루어지는 묵상은 신자를 오류에 빠뜨릴 수 있습니다. 공동체 안에서 객관적으로 자기 자신을 발견할 수 있어야 합니다. 하나님은 공동체의 지체들을 통해 말씀하시기도 합니다. 서로 묵상을 나누는 경험을 통해 함께 하나님께로 나아가는 법을 배우는 것이 훨씬 더 건강한 신앙의 길입니다.

공동체 안에서 묵상을 나눌 때 주어지는 또 다른 유익이 있습니다. 말씀 묵상을 해야 한다는 도전을 아무리 많이 받아도 묵상을 나누는 소그룹이 없으면 오래가지 않아 중단할 가능성이 높습니다. 소그룹에서 다른 사람이 묵상한 말씀을 들을 때 동기 부여를 받을 수 있습니다. 말씀 묵상이 일상화되는 일은 생각보다 어렵습니다. 삶의 습관으로 익히기까지 공동체 안에서 서로 도움을 주고받아야 합니다. 지속적으로 도전받아야 합니다.

개인적인 묵상에서 끝나면 안 됩니다. 묵상의 삶을 통해 공동체 안으로 들어가십시오. 나눔 가운데 발생하는 시너지는 은혜에 가속도를 더해 줍니다. 말씀 공동체는 견고하고 위력이 있습니다. 말씀에 귀를 기울이는 사람들이 모인 공동체를 하나님이 어떻게 인도하실지 상상만 해도 흥분이 됩니다. 공동체의 나눔은 개인주의적이고 지엽적인 신앙을 탈피하게 이끌어 주고, 건강한 공동체가 되게 할 뿐 아니라, 하나님 나라의 완성을 향해 가도록 이끌어 줍니다.

12장

: 묵상과 공동체

1 한 상 잘 차려진 말씀의 뷔페에서 맛있는 말씀의 성찬을 맛본 경험이 있습니까? 누군가가 나눈 말씀 묵상에 내 삶이 변화한 경험 말입니다. 그 경험을 토대로 왜 묵상 나눔이 공동체 안에서 이루어져야 하는지 그 이유를 나눠 보십시오.

2 공동체에서 말씀 묵상 나눔이 이루어져야 하는 또 다른 이유들을 나눠 보십시오. 묵상을 공동체적으로 잇기 위해 교회는 묵상 나눔방을 활성화해야 할 것입니다. 그렇다면 성도인 내 편에서는 어떤 노력을 기울일 수 있을까요?